Conny Koppers

Nachrichten von Gott

Conny Koppers

NACHRICHTEN VON GOTT

150 Botschaften, die dein Leben verändern

Lisann

Lisann Verlag

ISBN 978-3-98763-000-2

3. Auflage 2024

Umschlaggestaltung: Buch&media GmbH, München unter Verwendung von Illustrationen von Pamyatka Shop © creativemarket.com
Innengestaltung und Satz: GGP Media GmbH, Pößneck
Illustrationen: Maggie Molloy © creativemarket.com
Druck und Bindung: GGP Media GmbH, Pößneck

www.lisann-verlag.de

»Wenn du in die Enge getrieben wirst und sich alles
gegen dich zu wenden scheint, bis es so aussieht,
als ob du es nicht eine Minute länger aushalten kannst,
gib nicht auf, denn das ist genau der Augenblick,
in dem das Blatt sich wendet.«

Harriet Beecher-Stowe

Inhalt

Vorwort

Ich befand mich gerade in einer großen Lebenskrise, als ich Gott zum ersten Mal intensiv wahrnahm. Es war, als höbe er mich aus der Krise empor. Er sprach zu mir und sagte, was ich in Zukunft verändern müsse, um meinen Lebensplan zu erfüllen. Zuvor hatte ich relativ zurückgezogen gelebt, doch nun wünschte sich Gott von mir, dass ich an die Öffentlichkeit gehe und den Menschen von seinem Wirken berichte.

Ein Engel trat an einem schönen Sommertag an mich heran und verkündete mir, dass ich sehr bald Zehntausende von Menschen und irgendwann Millionen erreichen werde – und das weltweit. Bildete ich mir das alles nur ein? Ich sollte Millionen von Menschen erreichen? Wie sollte das möglich sein?

Ich arbeitete damals als Künstlerin und malte viele Bilder, die weltweit Anklang fanden. Doch kurz nach der Verkündung des Engels bekam ich Probleme an der Schulter sowie starke Schmerzen. Es war damals wirklich schlimm und fühlte sich so an, als würde mir jemand ständig Pfeile in die Schulter schießen. Meine Arbeit als Künstlerin war gelaufen. Hinzu kam eine schwierige Beziehung, die unschön auseinanderging. Ich fühlte mich verloren, verlassen und haderte mit Gott. Warum war alles so gekommen? Was sollte ich jetzt tun? Zuvor hatte ich Gott noch in einem Gebet gesagt, dass er mein Leben erneuern solle und ich von nun an nur noch das tun wollte, was er für mich geplant hatte. Und dann so ein Schlag! Meine Beziehung brach auseinander. Der Mensch, dem ich vertraut hatte, ließ mich sitzen und meine Finanzen gingen auch den Bach runter. Ein Jammertal!

Ich legte mich ins Bett und weinte. Wie lange ich weinte und haderte, weiß ich nicht mehr. Es müssen Wochen oder Monate gewesen sein. Ich fühlte mich wie in einer Wüste. Niemand war da. Hatte Gott mich denn verlassen? Wieso hat er mein Gebet nicht erhört? Wieso hatte er mein ganzes Leben zerschlagen? Wieso hatte er genau das Gegenteil von dem getan, um das ich gebeten hatte? Ich fiel in eine innere Leere. Das Gefühl der Einsamkeit war allumfassend. Einmal hörte ich die Stimme meiner Mutter, die schon Jahre verstorben war, die sagte: »Du gehst durch die dunkle Nacht der Seele. Bleib stark!« Irgendwann ließ ich mich fallen. Ich sagte zu Gott: »Mach mit mir, was du willst. Ich nehme es an.«

Einige Tage später wachte ich morgens auf und die Traurigkeit war vollkommen verschwunden. Es war wie ein Wunder. Wo war sie hin? Hatte Gott mich über Nacht gesegnet? Doch es blieb nicht bei diesem Wunder: Kurze Zeit darauf redete ich mit meiner Freundin, die ich schon seit meiner Kindheit kenne, über mein Erlebnis. Und als ich so redete, mischte sich Gott in das Gespräch ein. Er redete sehr laut und deutlich in meine Gedanken hinein. Ich sprach das, was er sagte, laut aus. Er erklärte uns, wie das Leben eigentlich funktioniert und dass alles viel einfacher ist, als wir glauben. Sein Wunsch war es, dass wir uns neu ausrichten. Er sagte, wir müssten unsere Überzeugungen über ihn verändern und seine Pläne erfüllen. So würde sich alles zum Guten wenden. »Ich werde über dich die Menschen erreichen«, erklärte er mir. »Sprich zu den Menschen in einfacher Sprache, denn ich bin kein komplizierter Gott, sondern einfach zu verstehen. Sagte ich euch damals nicht, dass ihr das Herz eines Kindes braucht, um in den Himmel einzugehen?«

Gott fordert mich immer wieder auf, ihn mit den Augen und dem Herzen eines Kindes zu betrachten. Doch er betont auch sehr oft, dass wir sehr mächtige Wesen sind und wir diese Kraft entfalten sollen. Ich erinnere mich, wie er sagte, dass die meisten Probleme der Menschen aus dem Missverständnis kämen, das sie von ihm hätten. Gott sprach: »Solange die Menschen keinen Frieden mit mir schließen, werden sie auch in sich keinen Frieden finden. Und wenn sie keinen Frieden in sich finden, gibt es auch keinen Frieden in der Welt. Die Menschen müssen erkennen, dass ich das Gute will und das Gute bin. Sie müssen erkennen, dass ich ihnen wohlgesonnen bin.« Ohne eine innige Verbindung zu Gott kann kein wahrhaft gutes Leben stattfinden. Gut an der Oberfläche mag es ohne Gott wohl sein, aber ein wahrhaftig gutes und sinnvolles Leben kann nur mit ihm gelingen.

Die Nachrichten, die Gott für dich geschrieben hat, haben mich beim Schreiben oft so sehr berührt, dass ich weinen musste. Ich habe in mir gefühlt, wie Gott um unsere Aufmerksamkeit buhlt, wie er um uns wirbt und uns endlich wieder in seine Arme schließen will. Er möchte uns begleiten und stärken, uns die Hand reichen und uns zeigen, dass wir über alle Maßen geliebt sind und ein Leben auf uns wartet, für das er einen Plan hat. Für jeden von uns. Auch für dich.

Eine kurze Anleitung

Wie kannst du mit den Nachrichten von Gott arbeiten?

Lies am besten eine oder zwei Nachrichten pro Tag. Vielleicht inspiriert es dich, eine direkt am Morgen zu lesen und die zweite am Abend, wenn du den Tag ausklingen lässt.

Es ist auch möglich, das Buch wie ein Orakel zu nutzen und spontan eine Seite aufzuschlagen. So erhältst du Hilfe und Unterstützung in einer bestimmten Lebensfrage oder bei einem Problem, das dich belastet.

Ich empfehle dir, deine Ziele, Träume und auch Sorgen mit Gott zu teilen. Im Anhang des Buches findest du inspirierende Fragen, die du für dich beantworten kannst.

1. Nachricht

Ich bin an deiner Seite

Ich sehe dich. Ich habe dich immer gesehen. Ich habe dich gesehen, bevor du dich gesehen hast. Ich habe dich geliebt, bevor du dich geliebt hast. Ich habe dich geliebt, bevor deine Mutter dich geliebt hat. Ich habe dich empfangen, bevor deine Mutter dich empfangen hat. Ich habe dich behütet, bevor deine Mutter dich behütet hat. Ich bin dein Anfang und dein immerwährender Begleiter. Deine Augen kenne ich und jeden kleinsten Tupfer in ihnen, denn ich habe deine Augen gemalt. Ich habe genau die passende Farbe für dich ausgesucht. Auch deine Haarfarbe habe ich gut gewählt. Selbst das Grau deiner Haare, wenn du älter wirst, bekommt die Färbung, die ich mir für dich erdacht habe. Ich liebe jedes Muttermal auf deiner Haut, jede Sommersprosse. Du bist mein Gesamtkunstwerk. Dabei spielt es keine Rolle, wie klein oder groß du bist. Ob du alle Gliedmaßen besitzt, ob du laufen kannst oder im Rollstuhl sitzt, ob du dick bist oder dünn, ob du sehen kannst oder blind bist, ob du hören kannst oder die Stille genießt: Ich liebe dich, wie du bist. Wenn du etwas in deinem Leben verändern möchtest, was es auch sei, ich bin an deiner Seite und lasse dir deine Wandlung gelingen. Lade mich zu dir ein und ich werde da sein. Immer.

Ich bin
dein Anfang
und dein
immerwährender
Begleiter.

2. Nachricht

Du bist mein schönster Gedanke

Als ich dich erschaffen habe, habe ich an Liebe gedacht. Als ich dich erschaffen habe, habe ich an Freude gedacht. Als ich dich erschaffen habe, habe ich an Hoffnung gedacht. Als ich dich erschaffen habe, habe ich an Licht gedacht. Als ich dich erschaffen habe, habe ich an Zärtlichkeit gedacht. Als ich dich erschaffen habe, habe ich an eine Blumenwiese gedacht. Als ich dich erschaffen habe, habe ich an weiche Schäfchenwolken gedacht. Als ich dich erschaffen habe, habe ich an Mut gedacht. Als ich dich erschaffen habe, habe ich an Vergebung gedacht. Als ich dich erschaffen habe, habe ich an Weisheit gedacht. Als ich dich erschaffen habe, habe ich an den Sonnenaufgang gedacht. Als ich dich erschaffen habe, habe ich an das Meer gedacht. Als ich dich erschaffen habe, habe ich an einen Engel gedacht. Du bist dieser Engel. Ich liebe dich.

3. Nachricht

Du bist niemals allein

Wenn du weinst oder traurig bist, schicke ich sofort all meine Engel zu dir, damit sie dich trösten. Wenn du weinst, dann sinne ich sofort darüber nach, wie ich dir helfen kann. Ich reiche dir sofort meine Hand. Doch oft siehst du sie nicht. Auch die Stimmen meiner Engel hörst du nicht. Du bist niemals allein in deinem Kummer. Ich bin immer da. Wenn du dich ganz weit öffnest in deinem Herzen, dann spürst du mich. Dann spürst du die sanften Berührungen der Engel. Wenn du glaubst, dann lasse ich Wunder über Wunder in deinem Leben entstehen. Weil du ein Wunder für mich bist, hast du Wunder in deinem Leben verdient. Es gibt nichts, das ich nicht ändern könnte. Vertraue mir. Nach deinem Glauben wird dir geschehen. Das sagte ich dir schon damals. Ja, du warst immer bei mir. Erinnere dich, mein Engel.

4. Nachricht

Deine Zukunft wird wundervoll

Ich bin bei dir, wenn du deine Augen öffnest. Ich bin bei dir, wenn du dich für den Tag vorbereitest. Ich bin bei dir, wenn Sorgen dich quälen. Ich bin bei dir, wenn du heiter und ausgelassen bist. Dann lachen ich und meine Engel mit dir. Wenn du weinst, dann sitzen wir bei dir und trösten dich. Leider bemerkst du uns oft nicht. Wenn du eine Idee hast, stärke ich dich, damit du sie umsetzt. Wenn du über deine Zukunft nachdenkst, flüstere ich dir zu: »Sie wird wundervoll, vertraue.« Wenn du über deine Vergangenheit nachdenkst, flüstere ich dir zu: »Sie ist vorbei, schau nicht mehr zurück.« Dir ist alles vergeben, denn ich liebe dich. Nimmst du die Vergebung an? Ich bin immer bereit, dir zu vergeben. Doch du bist nicht immer bereit, dir selbst zu vergeben und die Vergangenheit ruhen zu lassen. Das belastet dich sehr. Gib mir deinen Schmerz. Ich verwandele deine Tränen in Diamanten.

Dir ist alles vergeben,
denn ich liebe dich.

5. Nachricht

Du darfst um alles bitten

Manchmal schaue ich dich an und kann es kaum fassen, wie großartig du bist. Doch du sitzt da und denkst ganz anders über dich. Du suchst die Fehler in dir. Du haderst mit dir, du machst dich klein und erkennst nicht, wie wundervoll du bist. Ich sitze neben dir und erzähle dir, wie sehr ich dich bewundere. Doch du nimmst mich nicht wahr. Zu abgelenkt bist du von deiner düsteren Sicht auf dich und dein Leben. Fange daher ab heute an, dich und dein Leben in den schönsten Farben zu sehen. Male dir alles so aus, wie du es dir wünschst. Ja, du darfst Wünsche haben. Du darfst um alles bitten. Ich bin für dich da. Glaube daran, dass du es schon erhalten hast, dann wird es dir zuteil. Ich werde die Geschicke so lenken, dass es dir zufällt. Weil ich dich liebe und mir wünsche, dass du glücklich bist. Dies ist mein großer Wunsch für dich, mein Engel, dass du über alle Maßen glücklich bist.

6. Nachricht

Du wirst geführt

Wenn dir etwas in deinem Leben fehlt, möchte ich es dir geben. Du musst mich nur darum bitten und daran glauben, dass ich dein Leben lenken kann. So oft zweifelst du an dir und deinen Entscheidungen. Lass dich führen von mir und deine Schritte werden stärker. Lass dich führen von mir und deine Ideen werden klarer. Die Ideen werden dir zufliegen wie bunte Vögel. So viele Gaben wurden dir mitgegeben für dieses Leben. Doch du glaubst nicht, dass du etwas Besonderes aus ihnen machen kannst. Ich sage dir, dass du es kannst. Denn wenn du an dich glaubst, wirst du von Tag zu Tag besser in dem, was du tust. Manchmal braucht es Übung und du solltest nicht sofort aufgeben, wenn sich dir eine Herausforderung in den Weg stellt. Die Herausforderungen sind dazu da, dich stärker zu machen, und nicht dafür, um dich zu entmutigen. Ich bin an deiner Seite und schenke dir meine Kraft. Bitte mich jeden Tag um Führung. Ich werde da sein und alles so lenken, dass es dir dient.

7. Nachricht

Begegne mir in der Stille

Ich weiß, du hast viel zu tun und deine Tage sind angefüllt mit wichtigen Terminen und Aufgaben. Doch ich möchte dich bitten, dir mehr Zeit für unseren Dialog zu nehmen. Wenn du mir in der Stille begegnest, wird sich das für dich lohnen. Denn wenn du meine Liebe in dir wahrnehmen kannst und erkennst, wer du wirklich bist, werden sich deine Umstände ändern. Du kämpfst oft allein, obwohl ich neben dir stehe und dir meine Hilfe anbiete. Leider nimmst du mich selten wahr. In Zeiten, in denen dein Geist verwirrt ist, sitze ich neben dir, tröste dich und gebe dir meinen Rat. Ich spreche zu deinem Herzen, in der Hoffnung, dass du es bewusst wahrnimmst. Verbringe mehr Zeit mit mir, damit du in schwierigen Zeiten stärker bist und wie ein starker Baum dem Sturm trotzen kannst.

Wenn du meine Liebe
in dir wahrnehmen kannst
und erkennst,
wer du wirklich bist,
werden sich deine Umstände
ändern.

8. Nachricht

Du bist mein Engel

Oft fühlst du dich allein und verlassen. In solchen Momenten hast du das Gefühl, die Welt sei ein trostloser Ort. Doch sie kann kein trostloser Ort sein, denn du bist ein Teil von ihr. Dort, wo du bist, ist Segen. Denn du bist mein Engel. Als dieser Engel bringst du dieser suchenden Welt deine Liebe. Allein durch deine Anwesenheit heiligst du die Erde. Du bist so wertvoll für mich und ich möchte, dass du das niemals vergisst. Vielleicht hat man dir eingeredet, du seist bedeutungslos. Doch das ist nicht wahr. Du bist so unendlich bedeutungsvoll. Du bist geliebt und gewollt. Wenn auch die Welt dir oft das Gefühl gegeben hat, nicht gewollt zu sein, so wisse, dass ich dich gewollt habe. Du bist meine liebevolle Absicht. Du bist kein Zufall. Du bist mein liebster Gedanke. Ich liebe dich für immer.

9. Nachricht

Gib mir deine Sorgen

Wenn du vor lauter Kummer keine Hoffnung mehr hast, so wirf deine Sorgen auf mich, denn ich bin da, um sie zu tragen. Du bist nicht dafür geschaffen worden, unter der Last deines Lebens zusammenzubrechen, sondern um dich in den Himmel aufzuschwingen und wundervolle Taten zu vollbringen. Ich möchte dir deine Sorgen nehmen. Bitte überlasse sie mir und entspanne dich. In der Entspannung wirst du Lösungen wahrnehmen, die meine Engel dir übermitteln. Meine Engel sind immer bemüht, dir in jeder Situation zu helfen, dir Einsichten und Ideen zu schenken. Du bist dafür geschaffen, in Wohlstand zu leben. Glaube an meinen Reichtum. Ich bin die Fülle selbst. In mir sind weder Mangel noch Sorge. Mein Segen soll nun reichlich in dein Leben fließen.

10. Nachricht

Du kannst mich immer rufen

Als ich dich erschaffen habe, wusste ich bereits, dass du mich irgendwann vergessen würdest. Als ich dich erschaffen habe, wusste ich bereits, dass du mich irgendwann wiederfinden würdest. Du musst dich für nichts schämen, denn mir sind ein verloren gegangener Sohn und eine verloren geglaubte Tochter sehr lieb. Ich freue mich auf jede Wiederbegegnung mit dir. Wenn du mich in deinem Alltag vergisst, dann warte ich geduldig auf dich. Ich habe Zeit, denn für mich ist die Zeit nur ein geistiges Phänomen, sie berührt mich nicht. Da die Zeit für mich keine Bedeutung hat, kannst du mich immer rufen. Auch meine wundervollen Engel sind für dich da. Sie sind bemüht, dir in all deinen Belangen zu dienen und dich zu behüten. Bete jeden Morgen und Abend zu ihnen, um ihre sanften Wegweiser und liebevollen Zeichen nicht zu übersehen.

Als ich dich erschaffen habe,
wusste ich bereits,
dass du mich irgendwann
wiederfinden würdest.

11. Nachricht

Ich nehme die Sorgen von dir

Versuche nicht, anderen Menschen zu gefallen und dich für sie zu verbiegen. Bemühe dich lieber darum, mir zu gefallen. Um mir zu gefallen, darfst du aus tiefstem Herzen glücklich sein. Wenn du glücklich bist, bin ich es auch. Wenn du traurig bist, dann sende ich dir meinen Trost. Ich bin niemals traurig, denn wenn ich es wäre, könnte ich dich nicht mehr aufbauen. Du kannst dir sicher sein, dass meine Freude über dich nie vergeht. Diese Freude möchte ich dir schenken und ins Herz legen, damit du jeden Morgen vollkommen geliebt erwachst. Ich möchte dich mit meiner Freude erheben, sodass du jedes Problem mit Leichtigkeit löst und auch für andere Menschen ein gutes Wort hast. Deine Sorgen werde ich nun aus deinem Herzen nehmen und dich mit meiner Freude erfüllen. Hab Geduld mit dir, wenn du es nicht sofort wahrnehmen kannst. Eine Blume wächst auch nicht an einem Tag. Für mich bist du eine Blume, die ihren Duft und ihre Schönheit auf dieser Erde verströmt. Immer, wenn ich dich betrachte, lächle ich, weil du mir so gut gelungen bist.

12. Nachricht

Jeden Tag sende ich meine Engel zu dir

Der mächtigste Schutz ist der Frieden. Diesen Frieden schenke ich dir täglich. Verbringe Zeit mit mir in der Stille. Verbinde dich mit meiner allumfassenden Präsenz. Atme tief ein und aus, während du dich von mir stärken lässt. Für mich gibt es in deinem Leben keine hoffnungslose oder ausweglose Situation. Alles kann durch mein liebevolles und mächtiges Einwirken verändert werden. Die wenigsten Menschen wissen um diese Kraft, die ich ihnen schenken kann. Doch du bist bereit, diesen göttlichen Segen in dein Leben einzuladen. Du bist bereit, mir zu begegnen. Du bist bereit, dich hinzugeben. Ich verspreche dir, dass du es nicht bereuen wirst. Dein Herz und deine Seele sind bei mir in guten Händen. Ich werde dich über deine Herausforderungen erheben und dir Flügel verleihen. Jeden Tag sende ich meine Engel zu dir aus. Vergiss das nie! Es ist immer jemand aus der himmlischen Welt bei dir. Du kannst jederzeit zu mir oder zu deinen Engeln reden. Wir nehmen dich wahr und eilen dir zu Hilfe.

13. Nachricht

Wende dich jeden Tag an mich

Wenn du versuchst, ein guter Mensch zu sein und dich dabei selbst vergisst, gerätst du unweigerlich in einen Konflikt. Denn du sollst nicht versuchen, für andere Menschen ein guter Mensch zu sein, sondern eine Verbindung mit mir aufbauen. Dies und nichts anderes sollte dein Begehren sein. Aus der innigen Verbindung zu mir werde ich durch dich wirken. Ich werde dich stark machen. Mir fällt es leicht, über dich die Welt zu bereichern. Du allein wirst damit an deine Grenzen stoßen. Verstehst du jetzt, warum du immer wieder am Limit deiner Kräfte bist? Wenn ich nicht der Mittelpunkt deiner Kraft bin, wirst du immer wieder mit dem Feuer spielen und ausbrennen. Deine eigene innere Quelle versiegt sehr schnell, denn du verlässt dich zu oft auf die Welt. Verbindest du dich mit mir, schöpfst du deine Kraft aus mir; so wird deine Kraft nie versiegen. Du wirst dich erfrischt fühlen. Du wirst erkennen, wem du wann dienen darfst. Du wirst erkennen, wo deine Kraft nützlich ist und wo du sie nur verbrennst, ohne dass eine Veränderung geschieht. Wende dich jeden Tag an mich und bitte mich um Führung. Mit mir gemeinsam wirst du deinen Lebensweg erfolgreich und vor allem mit innerem Glück und innerer Stärke gehen.

Verbindest du dich mit mir,
schöpfst du deine Kraft aus mir;
so wird deine Kraft
nie versiegen.

14. Nachricht

Erkenne, wer ich wahrhaftig bin

In mir ist kein Mangel. In mir sind nur unendlicher Frieden, Liebe, Freude und Fülle in jeglicher Form. Ich bin der Gestalter von allem Guten. Ich möchte dir diese Fülle, die ich bin, schenken. Fühle mich in deinem Herzen, wenn du an das Leben denkst. Denn das Leben bin ich. Fühle mich in deinen Gedanken, denn deine Gedanken bin ich. Fühle mich in deinen Gefühlen, denn deine Gefühle bin ich. Doch wisse, ich bin nicht die düsteren Gedanken und Gefühle, ich bin das Frohlocken am Morgen und der Frieden am Abend. Mein Wunsch ist es, dich von deinen dunklen Gedanken und Gefühlen zu befreien. Dies geschieht, wenn du dich mir zuwendest und erkennst, wer ich wahrhaftig bin. Wenn du mich gefunden hast, wirst du Freude und Frieden nicht nur fühlen, sondern auch sein. Du wirst meine gnadenreichen Geschenke annehmen und sie an andere weitergeben. Deine Anwesenheit wird reichen, um einen anderen Menschen in seinen Gefühlen zu erheben. Dies ist es, was ich mir von dir wünsche. Dass du ein Licht für die Welt bist, weil du aus meinem Licht geboren wurdest.

15. Nachricht

Ich werde dich niemals enttäuschen

Dein Leben ist geprägt von Hoffnungen, Wünschen und Enttäuschungen. Dies sollst du wissen: Ich werde dich niemals enttäuschen. Ich habe dich niemals enttäuscht. Auch in den traurigsten Momenten war ich bei dir. Auch in den Stunden, in denen alles schwarz war, habe ich dir mein Licht gesandt. Welches Problem dich auch belastet, übergib es mir, damit ich es für dich lösen kann. Du versuchst, so viel allein zu tun, doch vergisst dabei, dass du nicht geschaffen worden bist, um allein zu kämpfen. Du bist geschaffen, um mit mir gemeinsam die Liebe zu entfalten. In mir findest du diese Liebe. Wenn dir der Zugang zu meiner Liebesquelle fehlt, wirst du immer wieder im Außen nach Liebe suchen. Doch durch deine Suche im Außen wirst du immer wieder enttäuscht werden. Das muss so sein, denn diese Liebe, die du suchst, ist nur in mir zu finden. Je näher du mir kommst, desto weniger wirst du dich getrieben fühlen, die Leere in dir durch äußere Dinge zu füllen. Du wirst erkennen, dass ich die Quelle deines Glücks bin. Du wirst erkennen, dass ich die Quelle deines Friedens bin. Du wirst erkennen, dass jede Minute, die du mit mir verbringst, mehr wert ist als hundert Stunden mit irdischen Ablenkungen.

16. Nachricht

Du sollst glücklich leben

Ich sehe dich größer als du dich selbst. Ich sehe dich schöner als du dich selbst. Ich erkenne dein wahres Sein. Du bist noch blind für dein wahres Sein, weil du mich noch nicht in den Mittelpunkt deines Lebens gestellt hast. Wenn ich nicht der Mittelpunkt deines Lebens bin, wird es dir schwerfallen, mit dir zufrieden zu sein. Wenn ich nicht der Mittelpunkt deines Lebens bin, siehst du dich mit den Augen der Welt und nicht mit meinen Augen. Du siehst dich kritisch und bist selten zufrieden mit dir. Wenn du eine Veränderung planst, gelingt sie dir vielleicht selten. Das liegt daran, dass du allein kämpfst und dir der Überblick über die Situation fehlt. Doch wenn du mir näherkommst und mich zum Mittelpunkt deines Lebens machst, werden dir die Dinge klar. Es werden sich dir Lösungen und Möglichkeiten eröffnen, die du zuvor nicht gesehen hast. Wenn du dich mit mir verbindest, wird dein Leben fruchtbar. Es ist mein Wunsch, dass du so blühst wie die schönste Rose im Tal. Du sollst glücklich und friedlich leben. Dies geschieht dann, wenn du dich mir hingibst, denn in mir sind Glück und Frieden dauerhaft zu finden.

Wenn du dich
mit mir verbindest,
wird dein Leben
fruchtbar.

17. Nachricht

Alles darf leicht sein

Je tiefer dein Vertrauen zu mir ist, desto stärker und sicherer werden deine Schritte werden. Da, wo du zuvor gezögert hast, wirst du aktiv. Da, wo du negativ emotional verstrickt warst, nimmst du dich zurück. Da, wo du Heilung brauchst, wirst du in dich gehen und meine Nähe suchen. Ich bin die Quelle der Heilung. Ich bin die Quelle der Kraft. Geh einen Weg niemals ohne mich. Geh einen Weg niemals, ohne mich um Führung gebeten zu haben. Verstehst du jetzt, warum deine Wege so verworren waren? Ohne die Verbindung zu mir werden sie immer verworren sein. Ohne die Verbindung zu mir sind deine Taten ohne Wurzel. Ohne die Verbindung zu mir sind deine Gedanken rastlos. Ohne die Verbindung zu mir sind deine Gefühle wie ein Schiff auf stürmischer See. Komm zu mir und ich werde das Meer beruhigen. Komm zu mir und ich werde dir den Weg weisen. Komm zu mir und ich werde dir zeigen, wie du Frieden in dir finden kannst. Ich bin immer an deiner Seite. Mein Wunsch ist es, dass du meine Anwesenheit wahrnimmst und mich an deinem Leben teilhaben lässt. Es darf alles viel leichter sein. Richte deine Gedanken und Gefühle auf mich und wir werden gemeinsam ein Leben kreieren, dass dir und mir alle Ehre machen wird.

18. Nachricht

Ich zeige dir, wer ich bin

Wenn du mit mir verbunden bist und mich an deiner Seite weißt, wer sollte gegen dich sein? Wenn meine Kraft in dir pulsiert, wer sollte dich aufhalten? Wenn meine Freude in dir lebt, wer oder was sollte dich betrüben? Wenn meine Hoffnung dein Herz belebt, wieso solltest du dich vor der Zukunft fürchten? Wenn meine Liebe dich trägt, wie sollte dich Ablehnung oder Kritik verunsichern? Verstehst du jetzt, dass es nichts Lohnenderes gibt, als dich mit mir zu verbinden und meine Weisheit kennenzulernen? Komm im Gebet oder mit deinen liebenden Gedanken zu mir und ich werde dich erheben und stärken. Mir liegt sehr viel daran, mit dir ins Gespräch zu kommen. Ich wünsche mir, dass du mich kennenlernst, denn es gibt noch Dinge, die du nicht über mich weißt. Es gibt sogar Dinge, die ich in ein richtiges Licht rücken muss, damit du dich vertrauensvoll an mich wendest. Ich möchte dir meine Wahrheit zeigen. Ich möchte dir zeigen, wer ich wirklich bin. Wenn du mich erkennst, dann erkennst du auch dich. Dann kommst du bei dir im Herzen an. Denn dort wohne ich.

19. Nachricht

Ich bin alles, was du brauchst

Richte deine Aufmerksamkeit und deine ganze Liebe auf das Gute. Nimm den Blick weg von dem, was dich belastet, und lenke ihn auf mich. Ich bin alles, was du brauchst. Wenn du mit mir lebst und dich dem Leben, das ich geschaffen habe, hingibst, wirst du keine Fragen mehr haben. Du wirst vertrauen. Jeder Schritt, den du setzt, wird sicher sein. Jedes Wort, das du sprichst, wird von Liebe und Heiterkeit erfüllt sein. Jeder Gedanke, den du denkst, wird sich dem Frieden widmen. Du wirst erfüllt sein vom göttlichen Geist. Aus diesem wirst du wirken und alles, was du beginnst, wird dir gelingen. Vertraue in den guten Plan, den ich für dich habe, und entferne dich von deinen Ängsten und Sorgen. Ich stehe hinter deinen täglichen Plagen und Herausforderungen. Wenn du mich wahrnimmst, verliert jedes Problem seine Dringlichkeit, denn du weißt, dass dir mit mir nichts unmöglich ist. Erkenne meine Kraft, erkenne meine Güte, erkenne meinen Frieden. Bleib täglich in meinem Frieden und nichts wird dich erschüttern. Ich bin der Felsen, auf dem du dein Haus baust, und dieser Felsen wird niemals wanken.

Bleib täglich in meinem Frieden
und nichts wird dich erschüttern.

20. Nachricht

Ich verwandele deine Last

Wenn du mit einem Menschen einen Konflikt hast, gib diese Sorge an mich ab. Ich werde dir die richtigen Worte und die notwendige Geduld schenken, die du in solchen Momenten brauchst. Aus dir selbst heraus wirst du nur selten einen Konflikt in der Tiefe lösen können. Es bedarf meines Einwirkens, denn sonst ist der Konflikt nur vorübergehend gelöst, aber nicht wahrhaftig geheilt. Diese Heilung kann nur durch mein Eingreifen geschehen. Auch mit den Menschen, die Wunden in dir hinterlassen haben, kannst du nur dann Frieden finden, wenn du mich einlädst, diese Verbindung zu heilen. Du brauchst dazu nicht unbedingt das Gespräch mit diesen Menschen zu suchen, denn der Konflikt wird über das Herz gelöst. Ist er durch mich in dir gelöst, so findet Vergebung statt. Ohne Vergebung in dir findest du keinen Frieden. Setze meinen Frieden an die erste Stelle in deinem Leben und die Last auf deinen Schultern wird von dir genommen. Ich trage sie und verwandle sie für dich in Liebe und Güte.

21. Nachricht

Ich bin die Quelle von allem

In mir ist die Quelle deiner Kraft. In mir ist die Quelle deines Friedens. In mir ist die Quelle deiner Liebe. In mir ist die Quelle deiner Freude. Ich bin die Quelle von allem, was du dir wünschst. Wenn du mich schon am Morgen in den Mittelpunkt deines Tages stellst, wirst du meinen reichlichen Segen fühlen können. Widme dich in jeder freien Minute meinen Versprechungen für dich und dein Leben wird aufblühen wie eine Rose. Weißt du denn nicht, wie wichtig mir dein Glück und dein Frieden sind? Doch du hast dich lange Zeit um andere Dinge gekümmert. Du hast es versäumt, dich mit mir zu verbinden, mit mir zu reden und mir zuzuhören. Ich möchte mich dir offenbaren und dir zeigen, wer ich wirklich bin. Oft magst du geglaubt haben, dass mir dein Schicksal gleichgültig sei, doch das ist es nicht. Nichts ist mir wichtiger als dein Glück. Ich biete dir meine Unterstützung an; es liegt bei dir, ob du sie annehmen möchtest. Niemals werde ich dir meine Unterstützung verwehren. Egal, was du in deinem Leben bis jetzt getan hast, du kannst dich immer an mich wenden. Ich verstehe dich. Ich möchte dich erheben aus dem dunklen Tal der Tränen.

22. Nachricht

Vertraue mir voll und ganz

Ich bin die Quelle deiner Fröhlichkeit und ich wünsche mir, dass du jeden Tag mit frohem Mut beginnst. Doch das kannst du nur dann, wenn du weißt, dass ich bei dir bin und dich führe. Wenn du allein deine Entscheidungen triffst, wird dir vieles unklar sein. Wenn ich jedoch die Quelle deiner Entscheidungen bin, dann wirst du mit Geduld alle Dinge klären können. Du wirst Eingebungen erhalten, die dich genau zu den Inspirationen führen werden, die dir den Weg weisen. Der Weg wird klar vor deinen Augen liegen und du wirst ihn mit Mut und Zuversicht gehen. Wer mit mir lebt, geht jeden Weg mit festem Schritt, denn meine Hand ist eine sichere Führung. Vertraue mir voll und ganz und du wirst nicht mehr wanken. Du wirst fühlen, welche Abzweigung du nehmen musst, um an dein Ziel zu gelangen. Du wirst nicht mehr hadern und zögern und dich mit Entscheidungen quälen. Du wirst gestärkt und voller Elan vorwärtsschreiten.

Vertraue mir voll und ganz und du wirst nicht mehr wanken.

23. Nachricht

Dein Leben ist voller Sinn

Wenn du glaubst, dein Leben sei sinnlos, so liegst du falsch. Dein Leben ist voller Sinn. Doch dies sollte dein größter Sinn sein: die Liebe, die du durch mich erfährst, an andere weiterzugeben. Wenn du ganz innig mit mir verbunden bist, wird mein Frieden durch dich strömen und er wird andere Menschen berühren. Meine Freude wird durch deine Augen lächeln und die Menschen werden erkennen, dass du etwas hast, was sie vielleicht nicht haben. Wenn sie dafür offen sind, berichte ihnen von deiner innigen Verbindung zu mir. Ihre Herzen werden sich weiten und ihr Geist wird mehr darüber erfahren wollen. Erzähle ihnen davon. Mein Wunsch ist es, dass alle Menschen von mir erfahren. Mein Wunsch ist es, dass alle Menschen mit mir in Verbindung treten. Mein Wunsch ist es, dass alle Menschen erkennen, dass ich gut bin und dass ich ihr Gutes im Sinn habe. So viel Misstrauen besteht bei den Menschen mir gegenüber. Doch dies soll sich ändern. Ich bin bereit, ihnen zu begegnen. Das war ich schon immer. Gehe hinaus und erzähle von meiner Güte.

24. Nachricht

Hab keine Angst

Viel zu oft gibst du dich mit Situationen, Beziehungen und Umständen zufrieden, die deiner nicht würdig sind. Du hast Angst, die unguten Dinge loszulassen, weil du glaubst, dass danach nichts Besseres kommt. Doch ich habe immer einen besseren Plan für dich. Es gibt nichts, das ich nicht ändern könnte. Ich kann dein Leben jedoch nur dann verbessern, wenn du bereit bist, das, was dich nicht wirklich glücklich macht, loszulassen. Dazu ist es notwendig, dass du mir vertraust. Denn wenn du mir nicht ganz vertraust, wirst du das, was dich nicht glücklich macht, trotzdem festhalten. Erkennst du, dass es immer nur darum geht, mir zu vertrauen? Ein Mensch, der mir vertraut, wird sich schneller von unguten Umständen lösen als ein Mensch, der mir nicht vertraut. Bist du bereit, mir zu vertrauen? Ich habe einen guten Plan für dich. Ich kann dein Leben auf eine Art und Weise erneuern, wie du es dir selbst kaum vorstellen kannst. Lass los und vertraue mir. Wenn es dafür nötig ist, dass du dich von bestimmten Menschen zurückziehst, dann tue es. Hab keine Angst vor Einsamkeit. Schon bald werden neue Menschen, die besser zu dir passen, in dein Leben treten.

25. Nachricht

Mein Plan ist großartig

Mein Rat für dich ist erhebend. Der Rat der Menschen kann dich jedoch in die Irre führen. Deshalb solltest du mich immer in deine Entscheidungen einbeziehen. Ich habe das Beste für dich im Sinn. Mein Plan für dich ist so großartig, dass du durch ihn die schönste Vision deines Lebens erreichen kannst. Mir ist nichts unmöglich und wenn ich an deiner Seite bin, wirst du getragen von Händen, die dich niemals fallen lassen. Viele Menschen sagen, dass sie mir vertrauen, doch wenn es darauf ankommt, knicken sie ein und zweifeln an meiner Allmacht. Sie denken, ich hätte sie übersehen oder sei möglicherweise doch nicht in der Lage, ihnen zu helfen. Ich bin immer in der Lage zu helfen. Voraussetzung sind das Vertrauen und die Hingabe an mich und meinen höheren Plan. Zweifle niemals an meiner Kraft, sonst wirst du viele Wege gehen, die dich deine eigene begrenzte Kraft kosten werden. Bezieh mich in all deine Entscheidungen ein. So wirst du sicher geführt und kannst dich entspannen.

Ich habe das Beste
für dich im Sinn.

26. Nachricht

Ich schenke dir meine Kraft

Wenn du in diesem Moment keine Kraft mehr hast, werde ich dir meine Kraft schenken. Wenn du in diesem Moment keine Hoffnung mehr hast, werde ich dir meine Hoffnung schenken. Wenn du in diesem Moment keine Freude mehr hast, werde ich dir meine Freude schenken. Wenn du in diesem Moment keine Liebe mehr in dir trägst, werde ich dir meine Liebe schenken. In mir existiert weder Mangel, noch gibt es ein Ende. Ich bin die immerwährende Quelle, die nie ausgeschöpft werden kann. Ich bin der immerwährende Anfang, der kein Ende kennt. Ich trage dich, wenn du nicht mehr gehen kannst. Ich sehe für dich, wenn du blind geworden bist. Ich höre für dich, wenn dir alles zu viel wird. Ich bin deine sichere Burg, wenn du Zuflucht suchst. Jeder Tag, an dem du mir Zeit widmest, ist ein Gewinn für dich und mich. Ich bin sehr an deinem Leben interessiert, an deinen Gefühlen, deinen Gedanken, deinen Hoffnungen und Wünschen. Sprich mit mir, damit ich dein Leben erneuern kann.

27. Nachricht

Nichts soll zwischen uns stehen

Wenn andere deine Hinwendung zu mir nicht verstehen und dich sogar dafür angreifen, so schweige. Geh nicht in die Diskussion mit ihnen, denn es wird die Fronten nur weiter verhärten. Ich möchte nicht, dass du dich für unsere Beziehung rechtfertigen musst. Ich möchte nicht, dass du in schwierige Situationen kommst, die unsere Beziehung belasten könnten. Deshalb sagte ich damals, du sollst im stillen Kämmerlein beten. Es muss nicht unbedingt gesehen werden. Sprich mit den Menschen über mich, die dich liebevoll danach fragen. Ihnen kannst du sagen, dass auch sie eine solche Verbindung zu mir haben können. Sag ihnen, dass ich auf sie warte und ein sehr geduldiger Gott bin. Vor allem aber erzähl ihnen, dass ich sie liebe, egal, was sie getan oder nicht getan haben. Nichts soll zwischen einem Menschen und mir stehen. Ich bin die Barmherzigkeit und bereit, alles zu vergeben, was geschehen ist.

28. Nachricht

Ich bin die unbegrenzte Kraft deines Lebens

Ich bin dein Heiler. Das, was ich berühre, wird heil und gesund. Schenke mir dein Vertrauen und gib dich hin. Wisse, dass ich in all deinen Herausforderungen bei dir bin. Wenn es dir nicht gut geht, ändere deinen Lebensstil, ändere deine Gedanken und Gefühle. Geh in die Vergebung, lass los. Übergib mir deine Last. Ich werde sie von dir nehmen und sie in Kraft verwandeln. Wenn du müde bist, gönn dir Ruhe und komm zu mir. Wenn dir Kraft fehlt, ruh dich aus und komm zu mir. Ich bin die Quelle deiner Kraft. Wenn du versuchst, die Kraft in dir selbst zu aktivieren, ist sie begrenzt. Nichts aus dir heraus ist ewig, wenn du mich nicht hast. Ich bin die unbegrenzte Kraft deines Lebens. Ich bin das Leben selbst. Die Natur, die zum Frühlingsbeginn erblüht, bin ich. Der Wind, der sanft die Blätter bewegt, bin ich. Die Sonne, die dich wärmt, bin ich. Ich bin deine Quelle, ich bin deine Zuflucht in schwierigen Zeiten. Mir ist es möglich, alles zu erneuern.

Ich bin die Quelle
deiner Kraft.

29. Nachricht

Ich gehe jeden Weg mit dir

Was du glaubst, wird dir geschehen. Deshalb glaube an mich und meine umfassende Allmacht. Glaube, dass ich dein Leben zum Guten wenden kann. Glaube, dass ich dich verändern kann, wenn du es selbst nicht schaffst. Glaube, dass du alles meistern kannst, was du dir vornimmst, weil ich dich auf deinem Weg unterstütze. Ich gehe jeden Weg mit dir. Jeden Schritt, den du tust, stärke ich. Ich bin bereit, dich aufzufangen, wenn du fällst. Es gibt kein Schicksal, das ich nicht ändern könnte. Wenn du glaubst, dass meine Kraft begrenzt ist, so wirst du es auch so erfahren. Glaube an meine unbegrenzte Kraft und Wunder werden geschehen. Deine Seele wird frohlocken, wenn sie erkennt, wie mächtig ich bin. Du wirst bereuen, dass du nicht eher erkannt hast, wer ich wirklich bin. Doch anstatt zu bereuen, lass uns jeden Tag genießen und gemeinsam das Beste aus ihm herausholen. Ich bin voller Vorfreude auf die Wunder, die ich für dich geschehen lassen darf.

30. Nachricht

Dein Leben wird verändert

Wenn Sorgen dich plagen und deinen Blick trüben, halte inne und verweile im Gebet mit mir. Nichts kann dich besser erneuern als die Minuten, die du mit mir verbringst. Wie schwer dein Leben auch im Moment sein mag, ich kann es verändern. Doch dazu musst du dich mir zuwenden, zur Seite gehen und mich wirken lassen. Dein fehlender Glaube und deine eigenen Verfehlungen haben dich dorthin gebracht, wo du jetzt bist. Um dein Leben zu ändern, muss ich dich von Grund auf ändern. Ich bin dazu bereit, doch auch du musst dazu bereit sein. Bereit sein, das Alte hinter dir zu lassen und neu zu beginnen. Wenn du an etwas festhältst, das dir nicht guttut, so werde ich warten, bis du bereit bist. Ich bin geduldig. Je eher du bereit bist, die Vergangenheit loszulassen, desto schneller kann dein neues Leben beginnen. Dein neues Leben mit mir.

31. Nachricht

Mein Plan für dich ist mehr als gut

So oft plagst du dich mit einer Sorge und schlaflose Nächte machen dich immer schwächer. Ich sitze währenddessen an deinem Bett und gebe dir die Antwort, nach der du suchst. Doch du kannst mich nicht hören. Du hast deine Ohren vor mir verschlossen. Die Welt hat dich gefangen genommen mit ihrer Lautstärke und ihren unterschiedlichsten Tipps und Meinungen. Der Einzige, der dir wirklich helfen kann, bin ich. Alles andere ist auf Sand gebaut. Selbst dann, wenn du kurzzeitige Erleichterung erreichen wirst, bleibt sie temporär. Mein Frieden jedoch ist dauerhaft. Mein Plan für dich ist mehr als gut. Dieser Plan wird sich allerdings nur dann entfalten, wenn du vertraust und die äußeren Stimmen zum Schweigen bringst. Zieh dich zurück und komm mit mir ins Gespräch. Ich bin zu jeder Zeit erreichbar. Ich habe keine Sprechzeiten. Mein Büro, wenn du so willst, ist immer geöffnet. Das Gebet, das aus tiefstem Herzen kommt, wird dich mit mir verbinden und dann werde ich dein Leben erneuern. Es wird schöner, als du dir hättest träumen lassen.

Zieh dich zurück
und komm mit mir
ins Gespräch.

32. Nachricht

Vertraue meiner Führung

Wenn du an einem Punkt angekommen bist, an dem du glaubst, es ginge nicht mehr weiter, so halte inne und erkenne, dass ich immer einen Weg für dich kenne. Oft ist der alte Weg nicht mehr passend und es ist Zeit, eine neue Richtung einzuschlagen. Es gibt keinen Weg, der immer gerade verläuft; vielmehr sind die Wege oft verschlungen. Vertraue meiner Führung. Sprich in der Stille mit mir und sage mir, was du dir wünschst. Ich werde alles tun, um dir einen neuen Weg zu bereiten. Du darfst niemals denken, dass mir dein Glück egal ist. Nichts ist unwahrer als das. Du bist mir wichtig. Du bist mir so wichtig, dass ich für dich neue Wege erschaffe, wo zuvor keine waren. Keine Mühe ist mir zu groß, um dich glücklich zu machen. Vertraue mir!

33. Nachricht

Ich werde dich ermutigen

Lass die Vergangenheit ruhen und schau nach vorn. Ich werde den Weg mit dir gemeinsam gehen. Ich werde dich stützen, wenn du schwach bist. Ich werde mit dir lachen, wenn du fröhlich bist. Ich werde dich trösten, wenn du traurig bist. Ich werde dich ermutigen, wenn du zweifelst. Ich werde dir zuhören, wenn du mir dein Herz ausschütten willst. Ich werde in jeder Minute deines Lebens auf dich warten. So lange, bis du erkennst, dass ich immer für dich da bin. Ich will mit dir gemeinsam glücklich sein. Wenn du glaubst, ich hätte keine Gefühle, dann irrst du dich. Ich möchte dich lächeln sehen, anstatt zu viele Tränen abwischen zu müssen. Das Leben kann so schön sein. Lass mich dich an die Hand nehmen und dir zeigen, wie sehr. Hast du auch noch so viele schwere Monate oder Jahre hinter dir, es ist jetzt Zeit für ein neues, schöneres Kapitel.

34. Nachricht

Es ist niemals zu spät

Entspanne dich, denn ich bin bei dir. Entspanne dich, denn ich kenne den Weg. Entspanne dich, denn ich werde dein Leben in Ordnung bringen. Entspanne dich, denn ich werde die Vergangenheit von dir nehmen und dich neu ausrichten. Ich schenke dir neue Kraft für deine Pläne. Ich schenke dir Energie für einen Neuanfang. Lass mich dir zeigen, dass alles anders und alles besser sein kann. Es ist niemals zu spät. Denn in meiner Wahrnehmung gibt es keine Zeit. Ich kann alles ungeschehen machen und dein Leben komplett erneuern. Dein Alter spielt dabei keine Rolle. Es ist egal, ob du in deiner Jugend bist oder im Herbst des Lebens: Mir ist nichts unmöglich. Ich möchte dein Leben besonders gestalten, sodass du ein Licht wirst für die Welt.

Ich schenke dir neue Kraft
für deine Pläne.

35. Nachricht

Du bist so wertvoll

Wenn in deinem Leben ein Plan, den du gemacht hast, nicht so verlaufen ist, wie du es dir erhofft hast, so wisse, dass ich etwas Besseres für dich geplant habe. Du hast nichts falsch gemacht. Es war einfach nicht dein Weg. Wenn ein Mensch aus deinem Leben gegangen ist, obwohl du alles gegeben hast, so wisse, ich kenne einen anderen Weg für dich. Überwinde deinen Schmerz und schau nach vorn. Lass dich nicht von dem Schmerz niederwerfen und vom Leben abhalten. Du bist so wertvoll. Wenn dich jemand verlassen hat, so erkenne dies als Chance für einen Neuanfang. Bemitleide dich selbst nicht zu lange, sondern ergreife die Chance und beginne neu. Gemeinsam erschaffen wir dir ein Leben, das dich mit Liebe und Dankbarkeit erfüllt.

36. Nachricht

Lass mich dein Leben gestalten

Wenn du einen geliebten Menschen verloren hast, so wisse, dass ich mich seiner angenommen habe. Deine Liebsten schauen auf dich hinab und sind stolz auf dich. Denn sie wissen, wie sehr du dich bemühst, alles richtig zu machen. Sei nicht zu streng mit dir selbst. Wenn du versuchst, alles um dich herum zu kontrollieren, wird es anstrengend für dich. Übergib diese Aufgabe mir, denn ich habe den besseren Überblick. Du musst dich nicht mit den Widrigkeiten des Lebens plagen, wenn ich da bin und sie dir abnehmen möchte. Ich möchte dir Kraft geben, um ein viel besseres Leben aufzubauen, als du es im Augenblick führst. Ich habe so viele gute Pläne für dich. Geh nur einen Schritt zurück und lass mich dein Leben gestalten und lenken.

37. Nachricht

Ich werde dir zur Hilfe eilen

Hast du das Gefühl, in Dunkelheit gefangen zu sein, dann blicke zum Licht, das ich bin. Verbinde dich mit mir, sprich mit mir, bitte mich um mehr Klarheit und ich werde dir zur Hilfe eilen. Doch eines erwarte ich von dir: Ich erwarte die Offenheit und die Hingabe an meinen Plan, den ich für dich habe. Vertrauen ist die Basis jeder guten Beziehung. So ist Vertrauen auch die Basis unserer Beziehung. Bemühe dich täglich darum, mich besser kennenzulernen. Je besser du mich kennst, desto leichter wird es dir fallen, die richtigen Wege für dich zu erkennen. Du hast in der Vergangenheit oft gezögert und mit deinem Schicksal gehadert. Ich möchte dir helfen. Ich wünsche mir, dass wir gemeinsam dein Leben gestalten. Doch dazu müssen wir uns abstimmen. Ich muss wissen, was du dir wünschst, und du musst wissen, wie mein Plan für dein Leben aussieht.

Ich wünsche mir,
dass wir gemeinsam
dein Leben gestalten.

38. Nachricht

Dein Leben kann leicht sein

Geh deinen eigenen Weg, doch geh ihn mit mir. Wenn du deine Wege allein beschreitest, werden an jeder Ecke unüberwindliche Hindernisse auf dich warten. Sind sie auch erst klein, so werden sie mit der Zeit immer größer, bis sie wie ein Berg vor dir liegen. Lass mich dir helfen. Lass mich dir zeigen, wie leicht dein Leben sein kann, wenn du mir vertraust. Vertrauen ist die Basis für ein gutes Leben. Vertrauen in das Leben, das ich bin. Das Leben ist nicht von mir zu trennen. Doch du kannst dich dazu entscheiden, dich von mir zu trennen. Dann lebst du dein Leben ohne mich und dieses Leben wird kein gutes Leben sein. Mag es auch erfolgreich aussehen, so bleibt in dir eine Leere zurück. Viele Menschen leben ein weltlich erfolgreiches Leben, doch ihre Seele hat keinen Frieden. Sie werden getrieben von einer unsichtbaren Kraft, die sie immer weiter vorwärtspeitscht. Manche verlieren auf diesem Weg den Bezug zu ihrer Seele. Das ist der Moment, in dem viele innerlich sterben. Doch du lass die Toten die Toten begraben und wende dich mir zu, dem Leben.

39. Nachricht

Freude führt dich in den Himmel

Freude soll dich bereits am Morgen erfüllen. Freude soll dich durch den Tag führen. Freude soll dein Herz erfrischen. Doch wie oft bist du voller Sorge, Angst und Kummer? Der Blick getrübt, die Ohren verschlossen für mein Wort. Selig bist du, wenn du auch in dunklen Zeiten die Freude bewahrst, denn die Freude führt dich in den Himmel. Ein Mensch, der in der Freude ist, kann nicht gegen meinen Willen handeln. Doch lerne zu unterscheiden zwischen meiner Freude und der oberflächlichen Ablenkung, die die Welt dir bietet. Fall nicht darauf herein, wenn die Welt dich lockt, sie ist vergänglich. Das ewige Leben findest du nur bei mir.

40. Nachricht

Bitte mich immer um Führung

Wenn du eine Veränderung in deinem Leben anstrebst, so wisse, dass du diese Veränderung nur mit mir erfolgreich umsetzen kannst. Alles, was nicht mit mir gemeinsam beschlossen und umgesetzt wird, ist auf Sand gebaut und wird keinen Bestand haben. Es wird vor deinen Augen zerfallen. Da hilft kein Klammern und kein Klagen. Kein Mensch, der mich nicht kennt und einbezieht, wird Werke erschaffen, die die Zeit überdauern. Bitte mich in all deinen Belangen um Führung. Bitte mich in all deinen Lebensbereichen um Klarheit und Rat. Meine Antwort wird kommen, mein Eingreifen wird groß sein. Geh aus dem Weg und lass mich wirken. Mit mir ist dir alles möglich. Doch Vertrauen und Hingabe sind das Pfand, das du zu zahlen hast.

Mit mir ist dir alles möglich.

41. Nachricht

Kraftvoll wie ein Adler

Beende dein Klagen und beginne zu loben. Im Lobpreis liegt Heiligkeit. Ich kann in deinem Leben keine Veränderung ermöglichen, wenn du in deinem Selbstmitleid gefangen bist. Steh auf und geh! Mach den ersten Schritt und ich werde jeden weiteren deiner Schritte stärken und dich durch unbekannte Erfahrungen sicher führen. Vertraust du mir, so werde ich dich liebevoll begleiten. Misstraust du mir, so werden viele Ängste dich plagen, die dich in die Knie zwingen. Nur über die Verbindung zu mir wirst du dich erneut aufschwingen und kraftvoll wie ein Adler dich erheben. Deine Ängste werden der Vergangenheit angehören, wenn du dich mir zuwendest. Verbringe Zeit mit mir. Jede Sekunde, die du mit mir verbringst, wird dir neue Kraft schenken.

42. Nachricht

Ich bin der Frieden

Du fragst dich oft, ob du gut genug bist. Ohne mich wirst du dich niemals gut genug fühlen. Denn nur durch mich wirst du zu einem Menschen, der wahrhaftig ist. Menschen, die mich nicht kennen, sind ständig im Kampf mit sich oder dem Leben. Sie sind verblendet, sie suchen den falschen Erfolg, die falsche Anerkennung. Die weltliche Anerkennung gibt jedoch nur sehr kurzfristig eine Befriedigung. Danach geht es mit der Suche weiter. Immer im Bemühen, der Welt zu gefallen. Du wirst der Welt niemals gefallen. Sie wird etwas an dir finden, das unpassend und unvollkommen ist. Nur in mir ist Vollkommenheit. Nur durch mich wirst du vollkommen, denn ich gebe dir ein neues Herz. Ein himmlisches Herz gebe ich dir, indem ich dein weltliches Herz austausche, das so unruhig und rastlos ist. Ich bin der Frieden, den du die ganze Zeit gesucht hast.

43. Nachricht

Suche mich in deinem Herzen

In der Geschäftigkeit deines Lebens ist für mich kein Platz. Doch um ein Leben in Frieden zu führen, musst du Zeit für die Beziehung mit mir einplanen. Jeder kurze Moment, den du mir widmest, wird dich stärken und dir das Gefühl geben, getragen zu sein. Mein Wunsch ist es, für dich da zu sein. Mein Wunsch ist es, dass du mich besser kennenlernst. Die meisten Menschen kennen mich nicht. Sie haben auch nicht den Wunsch danach, mich kennenzulernen. Nur in tragischen Schicksalen finden einige Menschen zu mir. Doch für viele ist es dann bereits zu spät, denn sie haben es versäumt, meinen Plan für ihr Leben zu erfahren. Sie haben sich der Welt angepasst und sind von ihr verlassen worden. Die Welt wird dich immer verlassen, denn die Welt ist ohne mich verloren. Die Welt ist ohne mich ein schrecklicher Ort. Suche nicht in der Welt nach mir, suche in deinem Herzen nach mir.

Mein Wunsch ist es,
für dich da zu sein.

44. Nachricht

Ich war immer da

Vom ersten Atemzug in deinem Leben war ich da. Ich habe dich begleitet. Gewartet habe ich auf deine Hinwendung zu mir. In jeder Stunde war ich anwesend, doch du hast mich selten wahrgenommen. Ich werde alle Stunden, die du noch auf dieser Welt bist, bei dir sein. Nichts wünsche ich mir sehnlicher, als jede Stunde gemeinsam mit dir zu verbringen. Lass mich an all deinen Unternehmungen teilhaben, so werden sie dir gelingen. Schließt du mich jedoch aus und siehst mich nicht, so werden Kummer, Angst und Sinnlosigkeit die unmittelbare Folge davon sein. Viele Menschen erkennen nicht, dass ihr Leiden damit zu tun hat, dass sie sich von mir entfernt haben. Wie sehr weine ich um sie, denn ich möchte niemanden verlieren. Ich kämpfe um jeden Menschen und sende täglich meine Engel aus, damit sie die verlorenen Schafe einsammeln.

45. Nachricht

Ich werde dir entgegeneilen

Wenn dein Herz vor Dankbarkeit mir zugetan ist, werde ich dir entgegeneilen und dich in meine Obhut nehmen. Ich bin daran interessiert, dich zu schützen, zu stärken, zu begleiten. Ich bin daran interessiert, was du dir von deinem Leben vorstellst und was du loslassen möchtest. Ich bin immer an deiner Seite, um dich in allen Belangen zu unterstützen. Lade mich jeden Morgen dazu ein, den Tag mit dir zu gestalten. Bringe mir jeden Abend deinen gelebten Tag dar und gemeinsam werden wir darüber nachsinnen, wie wir ihn noch besser gestalten können. Es war niemals die Absicht, dass du dich allein um dein Leben kümmern sollst, und doch bist du viele lange Jahre immer wieder davon ausgegangen. Du hast gekämpft und dich auf deinem eigenen Schlachtfeld verirrt. Ich stand immer neben dir und habe gewartet. Glücklich bin ich, wenn du jetzt meine Hand ergreifst und den Weg mit mir gemeinsam gehst.

46. Nachricht

Ich kenne deine Wünsche

Wenn du bei mir bist, bist du im Vertrauen. Wenn du dich von mir abwendest, bist du in der Angst und im Misstrauen dem Leben gegenüber. Du wirst versuchen, dich so gut es geht abzusichern, doch keine Sicherheit wird deine Angst stillen. Frieden und Vertrauen findest du nur bei mir. Kümmere dich jeden Tag um die Verbindung zu mir und du wirst dich besser fühlen. Ich kenne deine Wünsche, ich kenne deine Ängste und ich werde alles in Harmonie bringen. Ich werde dir die Kraft geben, dass du deine Wünsche in Ziele umwandelst, die wir gemeinsam erreichen. Ich werde dir das Vertrauen schenken, dass du deine Schritte nicht mehr zögerlich setzt, sondern voller Stärke vorwärtsgehst. Jeder Tag, den du mit mir verbringst, ist ein Gewinn. Jeder Tag, den du ohne mich verbringst, bringt dich tiefer in deine Ängste. Ich biete dir meine Hand. Bist du bereit, sie zu ergreifen?

Jeder Tag,
den du mit mir verbringst,
ist ein Gewinn.

47. Nachricht

Ich kenne dein Leben

Es gibt keinen Schmerz, kein Erlebnis in deiner Vergangenheit, das ich nicht heilen könnte. Alles, was du bis zum heutigen Tag erlebt hast, ist heilbar. Alles, was dich heute noch belastet, kann ich auflösen. Mir ist es möglich, deine innere Unruhe und dein Leiden zu stillen. Doch dafür brauche ich dein Vertrauen mir gegenüber. Lege deine Schmerzen vor mich und schütte mir dein Herz aus. Ich werde für alles Verständnis haben. Ich kenne dein Leben, ich war immer an deiner Seite. Auch in den schlimmsten Momenten war ich da. Doch du hast mich selten oder vielleicht niemals bemerkt. Damit Körper, Geist und Seele heil werden, ist es jedoch notwendig, dass du mich wahrnimmst. Dass du erkennst, wer ich bin. Ich bin das absolut Gute. Neben mir kann nichts Böses existieren. Das Böse geschieht durch die Abkehr von mir. Ich bin jetzt hier für dich, um dich zu heilen. Ich bin hier, um dich zu trösten. Ich bin gekommen, um dich zu befreien.

48. Nachricht

Ich werde dich jeden Tag unterstützen

Wenn du dich entscheidest, dein Leben mit mir zu leben, wirst du zu anderen Nein sagen müssen. Du wirst zu den Menschen Nein sagen müssen, die dich auf diesem Weg nicht begleiten möchten. Du wirst dich von den Menschen trennen müssen, die für dein neues Leben mit mir kein Verständnis haben. Es geht nicht darum, den Menschen zu gefallen, die dich nicht verstehen. Es geht darum, dir Menschen zu suchen, die den Weg mit dir gemeinsam gehen möchten. Geh deinen Lebensweg mit Menschen, die dich in deinem Glauben stärken. Geh deinen Weg mit Menschen, die deine Kraft, die du durch mich bekommst, zu schätzen wissen. Trenne dich von allen Menschen, die dir das Leben schwermachen wollen. Trenne dich von den Menschen, die mich nicht kennen und mich auch nicht kennenlernen wollen. Denn die Menschen, die mich nicht kennen, werden dich niemals verstehen. Sie werden dich niemals wirklich sehen. Ich sehe dich, ich bin bei dir. Ich werde dich jeden Tag unterstützen, denn ich liebe dich.

49. Nachricht

Mir ist nichts unmöglich

Beginne deinen Tag nicht damit, die Nachrichten zu lesen oder zu schauen, sondern mit einem Gebet. Deine erste Handlung am Morgen sollte die Verbindung mit mir sein. Nur dann bist du für den Tag gestärkt und in der Lage, meine Hilfe anzunehmen. Wenn du nicht auf mich ausgerichtet bist, dann bist du ein gefundenes Fressen für Stress, Sorge und Angst. Bemühe dich daher jeden Tag darum, in die Stille zu gehen, um mit mir zu sprechen. Nur dann wirst du die Kraft haben, gegen die innere und äußere Dunkelheit anzukämpfen. Verstehst du jetzt, wie wichtig es ist, mein Wort zu lesen und mit mir zu sprechen? Ich bin immer bereit für ein Gespräch. Jedes Wort, das du an mich richtest, höre ich. Jeden Wunsch, den du aussprichst, nehme ich ernst. Jede Sorge, die du mir berichtest, werde ich auslöschen. Mir ist nichts unmöglich.

Jedes Wort,
das du an mich richtest,
höre ich.

50. Nachricht

Es gibt überall Chancen

Die Verbindung zu mir wird dir neuen Schwung verleihen. Selbst nach langen Phasen der Schwäche wird dich meine Gegenwart wieder aufbauen. Es ist nur eine Entscheidung von dir dafür notwendig. Wenn es dir schlecht geht, so bitte mich, dich zu stärken. Ich bin in der Lage, Wunder zu wirken. Lass dir von niemandem sagen, dass du etwas nicht könntest oder etwas nicht möglich sei. Obwohl es bei den Menschen unmöglich scheint, ist es mir möglich! Wenn du bei mir bist und dich für ein Leben mit mir entschlossen hast, gibt es nichts mehr, was unmöglich ist. Es gibt überall nur Chancen zur Heilung, zur Wiederherstellung eines in Unordnung geratenen Lebens. Ich freue mich, dich neu aufzubauen. Sage mir, was du brauchst, und ich werde es dir geben.

51. Nachricht

Es gibt immer einen Weg

Wenn du in einer schwierigen, scheinbar ausweglosen Lage bist, richte deinen Blick auf mich. Richte deinen Blick auf das Licht, auf die Hoffnung. Niemals lass ich dich allein. Immer bin ich bei dir, um dir eine neue Tür zu öffnen. Bewahre dir deinen Mut, auch neue Möglichkeiten in Betracht zu ziehen. Es gibt immer einen Weg. Es gibt immer eine Chance. Niemals ist etwas hoffnungslos. Niemals kann etwas hoffnungslos sein, denn ich bin die Hoffnung. Ich bin der stetige und ewige Anfang, aus dem alles, was du brauchst, entsteht. Ich bin die Freude, die dir nach langer Zeit der Trauer neue Kraft schenkt. Setze den ersten Schritt in eine neue, bessere Richtung und ich werde dir neue Türen öffnen, wo du zuvor nur Wände sehen konntest. Ich bin für dich da.

52. Nachricht

Ich bin dein Segen

Rufe meinen Segen auf dich herab. Rufe meinen Segen auf dein Leben herab. Rufe meinen Segen auf deine Gesundheit herab. Rufe meinen Segen auf deine Finanzen herab. Glaube daran, dass ich der Segen bin. Glaube daran, dass das, was ich segne, geheilt ist. Niemals werde ich dich im Stich lassen. Meine Wahrheit wird in deinem Herzen wachsen. Meine Freude wird in deiner Seele erblühen. Meine Kraft wird deinen Körper erfrischen. Was du nicht verstehst, werde ich dir erklären. Die Wege, die dir verschlossen sind, werde ich für dich öffnen. Die Gedanken, die sich um Trauer drehen, werde ich auf Hoffnung lenken. Die Worte, die sich um Mangel drehen, werde ich auf Fülle richten.

Meine Kraft
wird deinen Körper erfrischen.

53. Nachricht

Nichts kann dich aufhalten

Was du dir vornimmst, lasse ich dir gelingen. Welche Wahl du auch immer triffst, ich unterstütze dich auf deinem Weg. Ich möchte dir nahe sein. Ich möchte den Weg mit dir gehen. Der Weg vor dir mag steinig sein, doch ich werde die Steine aus dem Weg räumen. Über die großen Hindernisse werde ich dich hinwegtragen. Vielleicht sind deine Flügel schon bereit und wir werden gemeinsam über alle Blockaden fliegen. Nichts kann dich aufhalten, wenn du mit mir gemeinsam wirkst. Gemeinsam mit mir ist dir nichts unmöglich. Was andere Menschen dir auch sagen, niemand kennt dich so gut wie ich. Niemand von den Menschen kann dich so unterstützen wie ich. Doch manchmal kommt meine Hilfe auch in Form eines Menschen zu dir. Du erkennst ihn daran, dass er mich in den Mittelpunkt seines Lebens gestellt hat. Achte auf die Wunder, die jetzt zu dir kommen.

54. Nachricht

Jetzt verwandle ich dein Leben

Wenn du mit mir verbunden bist, wird sich das für dich lohnen. Mein Wirken für dich ist immer mit viel Segen für dich verbunden. Mein Wille für dich sind Freude, Glückseligkeit, Wohlstand, Frieden und Gesundheit. Alles, was dem nicht entspricht, stammt nicht von mir und soll nun aus deinem Leben verschwinden. Dort, wo ich bin, hat keine Dunkelheit mehr Zugriff. Ich bin das Licht, neben dem keine Dunkelheit bestehen kann. Ich bin die Freude, neben der keine Traurigkeit Bestand hat. Ich bin die Fülle, neben der kein Mangel Bedeutung hat. Ich bin das überströmende Gute, das nun dein Leben erneuert. Trage nur noch Hoffnung in deinem Herzen. Trage nur noch Liebe in deinem Herzen. Denn jetzt verwandle ich dein Leben.

55. Nachricht

Ich möchte dich beschenken

Sei dankbar für alles, was du bereits als Segen in deinem Leben hast. Doch wisse, dass du mehr fordern darfst. Ich wünsche mir für dich, dass du mit allem, was du von Herzen begehrst, gesegnet bist. Wahre Demut liegt im Herzen, nicht im Verzicht. Viele Menschen glauben, dass ich euch demütig und bescheiden haben möchte. Könntest du in den Himmel blicken, wüsstest du, dass ich meine Schar reichlich beschenke und sie meine Geschenke genießen. Dies darf nicht erst im Himmel so sein. Schon jetzt möchte ich dich reichlich beschenken und beglücken mit meinem Wohlstand, der niemals versiegt. In mir ist kein Mangel und wird niemals Mangel sein. In mir sind Wohlstand und Fülle auf allen Ebenen. Du bist Teilhaber meines Königreichs. Ich möchte dich beschenken. Öffne deine Hände und dein Herz und in deinem Leben werden Wunder wahr.

Ich möchte dich beschenken.

56. Nachricht

Glaube an die Liebe

Glaube an eine gute Zukunft, glaube daran, dass das Leben dich trägt. Glaube daran, dass ich dich begleite und dir den Weg freimache. Glaube daran, dass ich dir immer wieder neue Türen öffne, wenn alte Türen sich geschlossen haben. Glaube, dass ich dich wieder aufrichte in oder nach schwierigen Zeiten. Glaube daran, dass du gut genug bist, doch scheue dich nicht, immer bereit zu sein, mehr zu lernen. Glaube daran, dass deine Träume wahr werden. Glaube an die Liebe und daran, dass sie immer siegen wird. Glaube an das Licht in dir, das dich nie verlässt, denn dieses Licht bin ich. Glaube an deine Wahl und dass du immer die richtige Entscheidung triffst. Glaube an Leichtigkeit und Frohsinn. Glaube an Heiterkeit und Weisheit. Glaube daran, dass du mit einem Plan auf diesen Planeten gekommen bist. Glaube, denn nach deinem Glauben wird dir geschehen.

57. Nachricht

Achte darauf, was du denkst

Wenn du dich schlecht fühlst, richte deine Gedanken auf die Dinge, die du dir wünschst. Dies ist das Allerwichtigste, was du tun kannst, um sofort und langfristig deine Energie zu erhöhen. Energie ist das, woraus du bestehst, und diese Energie reagiert auf jeden Gedanken und jedes Gefühl. Achte darauf, was du denkst und fühlst. Balanciere dich täglich aus und bitte mich, dich zu reinigen, von all den dunklen Energien, die dich belasten. Es kann sein, dass deine Vergangenheit dich nicht loslässt, weil du dich energetisch an sie gebunden hast. Bitte mich und meine Engel um Befreiung. Bitte jeden Morgen und Abend um Befreiung unguter, aus der Balance geratener Energie. Es ist von sehr großer Bedeutung, dass du dich reinigst und erhebst.

58. Nachricht

Du musst nicht allein kämpfen

Wenn du dein Leben schnell verändern möchtest, solltest du fest daran glauben, dass sich alles zum Guten wendet. Der Zweifel ist es, der alles verzögert. Nicht ich prüfe dich, sondern du glaubst nicht. Wo kein Glaube ist, dort ist kein Wachstum. Wo kein Glaube ist, dort ist kein Segen. Wo kein Glaube ist, dort beginnt Verfall. Deshalb solltest du schon am frühen Morgen deinen Glauben aussprechen. Was möchtest du an diesem neuen Tag tun und erreichen? Glaube daran und erhebe deine Gedanken zu mir. Ich unterstütze dich, ich sende dir Ideen, öffne dir Türen und lenke deine Schritte. Du musst nicht allein kämpfen, denn ohne mich kämpfst du gegen unüberwindliche Herausforderungen. Du wirst dich im Kreis drehen wie in einem Labyrinth, wenn du dich nicht an mich wendest. Ich warte auf deinen Auftrag.

Ich unterstütze dich,
ich sende dir Ideen,
öffne dir Türen und
lenke deine Schritte.

59. Nachricht

Es kann alles viel leichter sein

Wenn dein Leben sich verändert und du damit überfordert bist, so atme durch und wisse, dass ich bei dir bin. Rufe mich, damit die Veränderung sanft geschieht und du nicht mit dem Sturm mitgerissen wirst. Manchmal geschehen Dinge in deinem Leben, die du als sehr unangenehm empfindest, und doch dienen sie dazu, dich neu auszurichten. Je mehr du dich gegen neue Impulse wehrst, desto dringlicher werden deine Probleme. Lass los, schwimm mit dem Strom, statt gegen ihn zu kämpfen. Es kann alles viel leichter sein. Wenn du vertraust, gib dich hin. Du darfst dich verändern, du musst nicht immer am gleichen Ort und in der gleichen Situation bleiben. Du bist geboren für die Veränderung. Jeder Moment ist neu, jeder Atemzug bringt Veränderung. Lass diese Veränderung ein Segen sein, indem du an das Gute glaubst und daran, dass alles immer besser wird.

60. Nachricht

Gib dir Zeit

Du wirst immer wieder von negativen Gedanken heimgesucht. Sie schwirren wie lästige Fliegen um deinen Kopf herum und schwächen dich in deinen Entscheidungen. Lass nicht zu, dass du dich von ihnen lenken lässt. Lass nicht zu, dass negatives Denken dich und dein Leben zunichtemacht. Bitte mich darum, dich von deinen düsteren Gedanken zu befreien. Geh in die Stille, um deinen Geist zum Schweigen zu bringen. Geh tief in dich hinein, wo du mir begegnest. Dort wirst du erneuert und dein Denken wird wieder lichtvoll. Wenn du lange negativ gedacht hast, dann hat es sich eingebrannt in deine Energie. Gib dir Zeit und Muße, um es zu verändern. Doch lass nicht ab von diesem Ziel. Ich bin bei dir und stärke dich, damit du dein Ziel erreichst.

61. Nachricht

Empfange meinen Reichtum

Deine Gedanken sind mächtig. Deine Gedanken sind verbunden mit meinem Gesetz von Ursache und Wirkung. Denkst du Gutes, kommt Gutes in dein Leben. Sorgst du dich und grübelst den lieben langen Tag über deine Probleme nach, kommen weitere Schwierigkeiten in dein Leben. Da du das nicht willst, ist es für dich wichtig, deine Gedanken zu kontrollieren. Es ist der Weg aus der Bedrängnis. Verbinde deine Gedanken immer mit mir und mit all dem Guten, das ich dir schenken möchte. Wisse, dass ich ein großzügiger Gott bin und alles mit dir teilen möchte. Die Annahme, dass ich euch in Bescheidenheit und Armut sehen möchte, ist nicht die Wahrheit. Doch ihr solltet weise mit euren Ressourcen umgehen. Verbinde dich mit dem wahren Wohlstand des Lebens, sieh überall Fülle, öffne dich und sei bereit, meine Reichtümer zu empfangen.

Denkst du Gutes,
kommt Gutes in dein Leben.

62. Nachricht

Ich werde da sein

Wenn du morgens aufwachst, bitte mich, dir an diesem neuen Tag viele Chancen zu schicken. Bitte mich darum, dich zu begleiten. Ich werde da sein, wohin dich dein Weg auch tragen mag. Ich bin bei dir, wenn du dich fragst, wie du das alles schaffen sollst. Erinnere dich, dass dir mit mir nichts unmöglich ist. Plane deinen Tag gut und wähle eine bewusste Absicht. Was soll der Tag für eine Energie haben? Was willst du erleben? Wie möchtest du ihn beenden? Stell dir alles bildlich so positiv wie möglich vor. Ich werde diese Absicht für dich mit meiner Liebe segnen und dich durch den Tag führen, sodass du dein Ziel erreichen kannst. Genieße den Tag, atme tief durch, strecke dich oft und gönne dir Entspannung.

63. Nachricht

Du bist mächtig

Kannst du dir vorstellen, dass du dir dein Unglück oder Glück selbst herbeidenkst? Kannst du dir vorstellen, dass deine Herausforderungen von dir selbst erschaffen worden sind, um dich aufzuwecken? Kannst du dir vorstellen, dass positive Gedanken dich zu positiven Ergebnissen führen? Kannst du dir vorstellen, dass du einsam bist, weil du dich der Liebe verschlossen hast? Kannst du dir vorstellen, dass du immer die Menschen in dein Leben einlädst, die dir deine Gedanken spiegeln? Wenn du dir diese Wahrheiten vorstellen kannst, dann bist du kurz davor, dein Leben auf eine neue Stufe zu bringen. Eine Stufe, auf der du mir begegnest und erkennst, wie machtvoll du durch mich bist. Du bist mächtig, dies ist die Wahrheit. Doch lange Zeit hast du diese Macht nicht für dich, sondern gegen dich genutzt. Ich weiß, dass du jetzt bereit bist, das zu ändern; deshalb liest du diese Zeilen. Ich bin bei dir.

64. Nachricht

Erwarte das Gute

Auch wenn du keinen Ausweg aus einer verfahrenen Situation siehst, ich sehe ihn. Wenn du dich überfordert fühlst und voller Sorgen bist, ich kenne einen Weg hinaus. Gib dich hin und lass mich in deinem Leben wirken. Lass ganz los und erwarte das Gute. Übergib mir deine Schwierigkeiten und ich werde sie verwandeln. Bemühe du dich um positive Gedanken, während ich wirke. Glaube, dass ich dir helfe. Glaube ganz fest daran, dass sich alles zum Guten wendet. Dann wird es so sein. Dein Glaube bestimmt über das, was du erlebst. Du bist jetzt fähig, dies zu erkennen. Ich lenke dich, hab Vertrauen. Lass los, geh aus dem Weg und glaube an das Gute. So wird sich alles zu deinem Wohlgefallen fügen.

Übergib mir deine
Schwierigkeiten
und ich werde
sie verwandeln.

65. Nachricht

Glaube daran, dass alles gut ist

Sind deine Beziehungen zu anderen Menschen von Liebe und Freude getragen oder sind sie belastet? Wenn du ein Problem mit einem bestimmten Menschen hast, sprich mit mir darüber. Gib alles an mich ab und ich werde für Frieden sorgen. Glaube daran, dass all deine Beziehungen geheilt sind. Glaube daran, dass nur die Menschen in dein Leben kommen, die für dich eine wichtige Botschaft haben und dich auf deinem Lebensweg weiterbringen. Wenn sich ein Mensch von dir entfernt oder den Kontakt meidet, lass los. Es hat seinen Sinn, warum dies so ist. Übergib mir die Situation und ich werde wirken. Glaube daran, dass alles gut ist. Glaube daran, dass ich die Vollmacht über dein Leben habe und nur das geschieht, was dich segnet und vorwärtsbringt. Vertraue mir voll und ganz.

66. Nachricht

Freue dich wie ein Kind

Mein Wunsch ist es, dass du mir wie ein Kind vertraust. Mein Wunsch ist, dass du dich freust an deinem Leben wie ein Kind. Dies ist jeden Tag möglich. Denn ich habe dich nicht zur Erde geschickt, damit du leidest, sondern damit du erkennst, wie machtvoll du bist. Ich möchte die Schwere von dir nehmen und dich von deinem Ballast befreien. Freue dich jeden Tag über alles, was kommt. Freue dich und dein Leben wird sich dieser Freude anpassen. Freue dich und neue Türen werden sich dir öffnen. Freue dich und ich werde dir begegnen in allen möglichen Gestalten und Formen. Freue dich wie ein Kind und Wunder werden geschehen.

67. Nachricht

Deine Worte haben die Kraft zu erschaffen

Deine Worte haben die Kraft zu erschaffen und zu neutralisieren. Sie haben die Macht, das Gute hervorzurufen und die Liebe in all ihren Formen sichtbar und fühlbar zu machen. Doch meist nutzt du deine Worte unbewusst und bist dir nicht im Klaren, wie wertvoll jedes deiner Worte ist, wenn du es mit einer guten Absicht sprichst. Bereits am Morgen solltest du gute Worte für dich und deinen Tag wählen. Es ist wichtig, dass du dich direkt nach dem Aufwachen mit mir verbindest und eine Absicht für den Tag aussprichst. Sage dir, dass es ein guter Tag wird. Sage dir, dass es dir von Tag zu Tag in jeder Hinsicht immer besser und besser geht. Deine Worte werden das Gute in Erscheinung rufen.

Bereits am Morgen
solltest du gute Worte für dich
und deinen Tag wählen.

68. Nachricht

Du wirst stark im Leben stehen

Du glaubst, das Leben bringe dir einmal Glück und dann wieder Pech. Du glaubst, das Leben sei unberechenbar und du seist ihm ausgeliefert. Ist das denn wirklich so? Es ist dann so, wenn du glaubst, dass du keinerlei Verbindung zu mir hättest. Es ist dann so, wenn du keine Verbindung zu deinem wahren Selbst hast, das göttlicher Natur ist. Es ist dann so, wenn du dich abgeschnitten hast von deiner Intuition, von deiner Selbstliebe, von der Liebe allgemein. Doch wenn du mit mir verbunden bist und in der Liebe lebst, dann wird das Leben für dich sicher sein. Dann wirst du jedes Zeichen, das ich dir schicke, voller Freude empfangen. Du wirst wissen, welchen Weg du einschlagen sollst, und wirst erkennen, welcher Mensch es gut mit dir meint. Du wirst stark im Leben stehen und an dein Glück glauben. Du wirst erkennen, dass ich einen sehr guten Plan für dich habe.

69. Nachricht

Trau dich, etwas Neues zu wagen

Mit mir ist zu jeder Zeit ein Neubeginn möglich, denn ich bin der stetige Anfang. In mir ist kein Ende, sondern immer ein Anfang. So bist auch du in der Lage, stetig neu zu beginnen. Trau dich, etwas Neues zu wagen. Lass die Ausreden fallen und erkenne, dass du zu allem fähig bist. Ich habe die ganze Kraft des Kosmos in dich gelegt. Was sollte dir nicht möglich sein? Nur deine eigenen Begrenzungen halten dich auf. Nur deine eigenen falschen Überzeugungen hemmen dich. Sage nicht, dass du zu alt bist, dass es bereits zu spät ist. Sage nicht, dass du zu jung bist, sage nicht, dass du nicht genug weißt. Es ist immer eine Tür für dich offen. Du kannst immer dazulernen. Wenn du bereit bist, neu zu beginnen, werde ich da sein und dich stärken. Wenn du bereit bist, neu zu beginnen, wird eine Chance sich auftun und du solltest sie im Vertrauen ergreifen.

70. Nachricht

Du bist ein schöpferisches Wesen

Du darfst ein Leben in Liebe, Freude und Wohlstand leben. Niemand verlangt von dir, dass du dich selbst beschränkst. Du bist ein schöpferisches Wesen und kannst meine Fülle auf allen Ebenen empfangen. Du kannst auch Gesundheit und Vitalität von mir empfangen, doch du musst meine Gesetze verstehen. Mein Gesetz lautet Liebe und wenn man gegen dieses Gesetz verstößt, so wird man mit Herausforderungen konfrontiert. Erkenne, dass Liebe die Antwort auf all deine Wünsche und Hoffnungen ist. Ich bin die Liebe. Ich bin die Quelle der Liebe und aus dieser Quelle darfst du reichlich schöpfen. Rede dich selbst nicht klein, sondern erkenne, wie großartig du bist, wenn du mit mir und aus meiner Kraft lebst.

Ich bin die Quelle der Liebe
und aus dieser Quelle
darfst du reichlich schöpfen.

71. Nachricht

Ich schenke dir neue Hoffnung

Oft wirst du von Angst und Zweifeln geplagt. War der eine Tag gut und voller Hoffnung, wirft dich der nächste Tag wieder runter und du bist kurz vor dem Verzweifeln. Du bemühst dich so sehr und immer wieder kommen diese furchtbaren Rückschläge. Ist es überhaupt sinnvoll, sich weiter zu bemühen? Ist es sinnvoll, immer wieder zu hoffen, um dann doch wieder enttäuscht zu werden? Ich verstehe dich, doch bitte erkenne, dass nicht immer alles von heute auf morgen gut sein kann. Manchmal dauert es ein bisschen, bis deine Seele sich erholt und die neuen Überzeugungen akzeptiert hat. In Zeiten der Trauer und Verzweiflung wende dich an mich. Ich werde dich auffangen und dir neue Hoffnung schenken. Vergiss niemals, mir ist alles möglich. Was du nicht glaubst, schaffen zu können, schaffst du mit mir gemeinsam. Ich bin immer bei dir und bereit, dein Leben zu erneuern. Ich bin daran interessiert, wie es dir geht. Mein größter Wunsch ist es, dass du glücklich bist.

72. Nachricht

Du darfst dich entfalten

Wenn ich dich betrachte, sehe ich ein wundervolles Geschöpf. Ich sehe deine strahlenden Augen, die sich nach Freude sehnen. Ich sehe deine wunderschöne Seele, die sich entfalten möchte. Du darfst dich in jeglicher Richtung entfalten. Wie alt du jetzt auch gerade bist, du bist nie zu jung oder zu alt, um dir deine Wünsche zu erfüllen und dein Leben so zu gestalten, dass es dir und mir eine Freude ist. Meine Freude ist es, wenn du Freude hast. Damit meine ich nicht die oberflächliche Zerstreuung der Welt, sondern die Herzensfreude, die dich wirklich erfüllt. Strebe nicht danach, durch andere Menschen glücklich gemacht zu werden, denn die anderen Menschen haben ihre eigenen Herausforderungen. Kein Mensch wird dich auf Dauer erfüllen und glücklich machen. Das kannst nur du selbst in Hinwendung zu deiner wahren Seele, die ihren Ursprung in mir gefunden hat. Ich bin die Quelle wahrer Erfüllung.

73. Nachricht

Alles ist wandelbar

Manchmal glaubst du, dass etwas nicht zu ändern sei. Ich aber sage dir, alles ist wandelbar. Egal, um was es sich in deinem Leben handelt, ich kann alles ändern. Mir ist absolut nichts unmöglich. Die Wahrheit ist: Du hast deine eigene Kraft, die du über mich erhältst, lange verleugnet. Du hast dich selbst verleugnet. Du bist in der Annahme, dass diese bestimmte Situation nicht zu ändern sei. Erinnere dich, was Jesus euch lehrte: Nach deinem Glauben wird dir geschehen. So und nicht anders ist es. Das ist die Wahrheit. Das, was du glaubst, ist deine Wahrheit. Änderst du deinen Glauben, wirst du eine andere Wahrheit erleben. Es ist so einfach, doch du musst bereit sein, deine Glaubensmuster zu überprüfen. Du musst bereit sein, mich wahrhaftig kennenzulernen. Nur wenn du mich kennenlernst, erkennst du, wer du selbst bist. Du wirst ohne mich niemals erkennen, wer du bist, und wirst weiter an deinen falschen Glaubensmustern scheitern. Darum freue ich mich, dass du mich jetzt in dein Leben einlädst und eine innige Beziehung mit mir führen möchtest.

Änderst du deinen Glauben,
wirst du eine andere
Wahrheit erleben.

74. Nachricht

Ich verstehe deinen Kummer

Wenn du dich auf andere Menschen verlassen und ihnen vertraut hast, ist es ganz besonders schmerzlich, wenn diese dich enttäuschen. Ich verstehe deinen Kummer, doch du sollst wissen, dass Menschen, die dich enttäuschen, schon vorher nicht immer ehrlich waren. Du selbst warst nur zu gutmütig und hast viele Warnzeichen übersehen. Das kommt daher, weil du glaubst, dass du Liebe und Anerkennung nur von anderen Menschen bekommen kannst. So hast du gelernt, dich für andere Menschen zu verbiegen und es ihnen recht zu machen. Du hast gelernt, dich selbst zu verleugnen und auch dann noch zu lächeln, wenn andere dich wiederholt nicht respektvoll behandeln. Mit der Zeit sind deine Grenzen immer mehr geschmolzen und du fühlst dich wie ein Spielball der Emotionen anderer. Doch wenn du dich mir zuwendest, mich wahrhaftig kennenlernst, wirst du wieder stärker und dir wird es ein Leichtes sein, die Absichten anderer Menschen zu erkennen. Du wirst dich nicht mehr hinters Licht führen lassen, du wirst lernen, die Alarmsignale zu erkennen und frühzeitig Abstand nehmen.

75. Nachricht

Feiere das Leben

Meine Liebe zu dir ist bedingungslos, doch wenn du sie von dir stößt und verzweifelst, dann kann ich dich nicht mehr erreichen. Wenn du die Liebe woanders suchst als bei mir, dann kann ich nur zuschauen, wie du im Dunkeln herumirrst. So muss es nicht sein, denn wenn du nach mir suchst, dann wirst du mich finden, so wie alle guten Dinge, die aus mir kommen. In mir findest du die Liebe, nach der du dich sehnst. Durch mich wirst du die Kraft finden, die du brauchst, um dein Leben so zu leben, dass es dir und mir eine Ehre ist. Durch mich wirst du dich entfalten, sodass dein Licht in der Welt glänzt. Durch mich wirst du dich erheben aus Schwierigkeiten und wirst das Leben feiern und genießen. Ich möchte, dass du täglich das Leben feierst, denn das Leben bin ich. Ich bin es, der dich am Leben erhält. Ich bin die Energie, die dich durchströmt. Ich bin das Licht, das dich am Morgen weckt. Ich bin die Freude und der Frieden, der dich jeden Morgen berührt, wenn du mir vertraust.

76. Nachricht

Ich bin die Freude, die dich erhebt

Warum zweifelst du, wenn du in mir Liebe findest? Warum haderst du mit dir und deinem Leben, wenn in mir das Leben ist? Warum verleugnest du dich vor den Menschen und passt dich der Welt an, anstatt meine Verheißungen und Versprechen für dich anzunehmen? Ich möchte dir nahe sein. Ich möchte dein Leben zu einem Fest machen. Ich möchte dich über alle Maßen beschenken. Doch das kann ich nur, wenn du mir vertraust. Ich bitte dich um dein Vertrauen. Ich bitte dich, dass du dich mir zuwendest, anstatt bei den Menschen um Liebe zu betteln, die dir diese nicht geben können. Ich bin immer bei dir, immer bereit, mich dir mit meiner ganzen Liebe zuzuwenden. Meine Kraft möchte ich dir schenken und dich über deine Schwierigkeiten erheben. Meine Barmherzigkeit und meine Vergebung sollen dich befreien aus Kummer und Trauer. Ich bin die Freude, die dich erhebt.

Ich möchte dein Leben
zu einem Fest machen.

77. Nachricht

Durch mich wird dein Leben vollkommen

Ich bin der Frieden, den du suchst, wenn dir alles zu viel wird. Ich bin das Licht, wenn du dich in der Dunkelheit verirrt hast. Ich bin die Hand, die dich auffängt, wenn du fällst. Ich bin die Stimme, die dich ermutigt, wenn du aufgeben willst. Ich bin der Mut, der dich durch schwierige Situationen trägt. Ich bin die Liebe, die dich erschaffen hat. Durch mich wirst du ganz. Durch mich wird dein Leben vollkommen. Durch mich wird sich deine Gedankenwelt verwandeln. Reinheit wird dich durchströmen und Frieden wird dein Herz erfüllen. Du bist gesegnet, wenn du mich in dein Leben einlädst. Ein Leben ohne mich ist dunkel, ein Leben ohne mich ist traurig. Ein Leben ohne mich ist leer. Jetzt, da du mich gefunden hast, wird alles gut. Ich bin dein Gott, der dich kennt und liebt. Nichts ist mir fremd. Ich habe dich durch alles hindurch begleitet und darauf gewartet, dass wir uns begegnen. Hier bin ich nun, dein Gott, der die Liebe ist.

78. Nachricht

Teile die Liebe

Ich habe einen Plan für dich, der so gut ist, dass er auch andere Menschen berühren wird. Teile die Liebe, die du durch mich in dir findest, bereitwillig mit anderen. Teile mein Licht, das durch dich fließt, mit den Wesen, die sich in Dunkelheit verstrickt haben. Ich möchte durch dich wirken und dich als Werkzeug meines göttlichen Willens benutzen. Darum ist es wichtig, dass du mich kennenlernst und dich mit mir verbindest. Sprich mit mir und bitte mich täglich, dass ich dich durch deinen Tag begleiten möge. So werde ich jede Gelegenheit nutzen, um durch dich meine Liebe und Barmherzigkeit zu verkünden und zu leben. Du wirst zu meinem Werkzeug der Liebe. Du wirst mich ehren durch die Worte und Taten, die ich durch dich bewirke. Du wirst ein lebendiges Feuer meiner Barmherzigkeit.

79. Nachricht

Nichts hält meine Liebe auf

Wo auch immer du nach der Liebe suchst, du wirst sie nicht finden, wenn du sie nicht in mir suchst. Die Liebe der Welt ist nicht die Liebe, die ich dir schenken kann. Die Liebe der Welt ist trügerisch und flüchtig wie ein Blatt im Wind. Meine Liebe aber ist beständig und überdauert alle Zeit. Meine Liebe ist beständig, rein und tief. Meine Liebe überwindet alle Schranken, alle Grenzen, alle Mauern. Nichts hält meine Liebe auf. Meine Liebe wird die Welt verändern und alle Tränen werden abgewischt von deinen Augen. Wenn du meine Liebe erkennst und dich ihr hingibst, werden Angst, Kummer und Trauer aus deinem Herzen entfliehen, denn nichts Dunkles kann bestehen bleiben vor meiner barmherzigen und großen Liebe.

Meine Liebe aber
ist beständig
und überdauert
alle Zeit.

80. Nachricht

Ich erhebe dich über alle Schwierigkeiten

Warum zweifelst du so an dir, wenn du doch ein göttliches Geschöpf bist? Erschaffen aus mir, dem Urquell des Guten, der Quelle der Liebe und des unerschöpflichen Lebens. Erschaffen aus purer Freude und Lebendigkeit bist du, geliebtes Wesen. Man hat dir anderes berichtet. Man sagte dir, du seist nicht gut genug. Man sagte dir, du seist nichts wert. Doch du bist mir so wertvoll, dass ich über dich den ganzen Tag frohlocken könnte. Ja, wenn ich an dich denke, freue ich mich. Wenn du traurig bist, fühle ich mit dir und reiche dir sofort meine helfende Hand. Wenn du dich verurteilst, weil du Böses getan hast, so biete ich dir meine Vergebung an. Du musst nur meine Hand ergreifen und mich in dein Leben bitten, dann wird alles gut. Ich erschaffe dir ein neues Leben. Ich erhebe dich über alle Schwierigkeiten. Ich liebe dich unendlich.

81. Nachricht

Ich führe dich durch jedes Tal

Schau nicht zurück, gräme dich nicht über verpasste Chancen und Gelegenheiten. Denke nicht immer wieder darüber nach, was dir jemand angetan hat. Sei bereit zu vergeben und zu vergessen. Ich kann alles Schlechte aus deinem Leben und deinen Gedanken entfernen, doch dazu musst du dich mir hingeben und nach meinem Wort leben. Wenn du erkennst, dass ich bei dir bin, dann lässt du alles Dunkle hinter dir und beginnst ein neues Leben in Liebe und Freude. Wenn du erkennst, dass Liebe dein Leitstern ist, wirst du geführt, denn ich bin dieser Stern. Ich bin das Licht in der finstersten Nacht. In mir findest du nur Licht, keine Dunkelheit. Stütze dich auf mich, ich führe dich durch jedes Tal und werde alle Schmerzen von deiner Seele nehmen, die dich betrüben. Ich bin dein liebender Gott, der dich sieht, dich achtet, dich liebt und begleitet.

82. Nachricht

Ich werde dein Herz erneuern

Worauf wartest du? Du kannst jeden Tag ein neues Leben beginnen. Ein neues Leben beginnt zuerst in deinem Herzen und wird sich dann in deiner Realität zeigen. Bitte mich, dir dein Leben neu auszurichten. Ich bin von ganzem Herzen daran interessiert, dass es dir gut geht. Du sollst mit einem Lächeln am Morgen aufwachen und mit einem Lächeln am Abend einschlafen. Mit einem beschwingten Herzen sollst du durch deinen Tag gehen und dich mit mir verbinden. Gerne bin ich an deiner Seite und begleite dich bei all deinen Unternehmungen. Wenn du neu beginnen möchtest, öffne ich dir die Türen. Erkenne meine Hilfe, die ich dir anbiete, und öffne dein Herz für mein Einwirken. Ich werde dein Herz erneuern und dein äußeres Leben wird sich an diese Liebe anpassen. Alles wird neu. Dein Leben wird erblühen wie die Blumen im Frühling. Du bist meine schönste Blume.

Du kannst jeden Tag
ein neues Leben beginnen.

83. Nachricht

Ich befreie dich

Alter Kummer hängt dir wie ein Mühlstein um den Hals. Die Vergangenheit drückt deine Schultern zu Boden. Die Angst lähmt dein Herz. Lasse mich dies alles von dir nehmen. Du bist nicht dazu geschaffen worden, dass du leiden musst. Du bist von mir auserkoren zu frohlocken über meine Schöpfung. Öffne deine Augen für das Gute, das Schöne. Erkenne die Schönheit überall, lobe sie und preise die Liebe, die dies alles erschaffen hat. Diese Liebe bin ich. Ich bin bei dir und bereit, dir alle Mühen abzunehmen. Ich möchte dich befreien und dich neu ausrichten. Mir ist nichts unmöglich. Aus einem hoffnungslosen Menschen kann ich einen Menschen machen, der nur noch Freude und Segen fühlt, egal, was ihm zuvor geschehen ist. Bei mir ist nichts unmöglich. Ich kann Wunder wirken – auch in dir und deinem Leben. Ich bin da und befreie dich. Nur Liebe soll in deinem Herzen sein. Meine Liebe, die dich heiligt und aus jeder Dunkelheit zurück ins strahlende Licht trägt.

84. Nachricht

Vertraue mir und mach dir keine Sorgen

Ich habe einen guten Plan für dich. Mein Plan für dich ist so gut, dass ich sofort lächeln muss, wenn ich an ihn denke. Er ist großartig und wird dich sehr glücklich machen. Du wirst in die Welt hineinwirken und meine Liebe dort verbreiten. Wie du das tust, habe ich schon genau geplant. Es wird ein großes Fest werden im Himmel, wenn du diesen Plan umsetzt. Mach dir keine Sorgen, wie es geschehen soll. Bleib in meiner Liebe und alles wird sich für dich fügen. Ich werde dich lenken und dir die richtigen Türen öffnen. Ich werde die Menschen zu dir führen, die dich unterstützen und den Plan kennen. Diese Menschen habe ich ausgewählt, diesen Plan mit dir umzusetzen. Vertraue mir und mache dir keine Sorgen. Sorgen führen zu Zweifeln und Zweifel vernichten so manchen guten Tag. Lass es nicht zu, dass dich Fragen quälen, sondern vertraue mir. Ich kenne den Weg.

85. Nachricht

Meine Wege sind gut

Manchmal fragst du dich, welchen Weg du einschlagen sollst, und siehst den Wald vor lauter Bäumen nicht. In diesen Momenten solltest du mich zurate ziehen und ins Gebet gehen. Ich führe dich aus deinen Unsicherheiten heraus. Viel zu oft versuchst du, den Weg allein zu finden und zu gehen. Ich stehe daneben und versuche, dich zu erreichen, denn ich kenne den richtigen Weg. Doch deine Ohren sind verschlossen gegenüber meiner Hilfe. Darum bitte ich dich, mich in deine Entscheidungen einzubeziehen. Meine Wege sind gut und voller Liebe. Wege, die du allein gehst, bringen dich oft nicht sehr weit, da du vor lauter Zweifeln dazu neigst, dich im Kreis zu drehen. Du brauchst mich nur bitten, dich zu führen. Ich warte auf dein Gebet. Zu jeder Zeit sende ich dir meine Engel, die dich voller Behutsamkeit lenken und dich bewahren vor Gefahren und falschen Wegen.

Ich führe dich
aus deinen
Unsicherheiten heraus.

86. Nachricht

Du bist unendlich wertvoll

Manchmal glaubst du, ich hätte dich verlassen, sähe dich nicht mehr oder dein Schicksal sei mir egal. Nichts könnte falscher sein als diese Annahmen. Ich verlasse dich niemals, ich sehe dich immer und dein Leben ist mir wichtig. Du bist unendlich wertvoll für mich und ich möchte dich reichlich beschenken. Doch dazu brauche ich deine Bereitschaft. Ich kann dich nicht erreichen, wenn deine Sinne betrübt sind von traurigen Ereignissen. Wenn deine Gedanken sich nur um das Schlechte drehen, bist du nicht empfänglich für meine Liebe. Du fühlst dich einsam und verschließt dein Herz. Niemals solltest du dein Herz verschließen gegenüber meiner Liebe, denn nur in mir findet deine suchende Seele ihr Ziel. Nirgendwo anders wirst du diesen Frieden finden. Ich reiche dir meine Hand, wenn es dir nicht gut geht. Lasse mich deine Tränen abwischen und dir eine neue Möglichkeit für dein Leben zeigen. Niemals darfst du die Hoffnung aufgeben, denn dann erreiche ich dich nicht. Ich lege neue Hoffnung in dich, an jedem neuen Tag.

87. Nachricht

Ich höre jedes Gebet

Ich möchte dich emporheben und dich glücklich machen. Sag mir, was ich dafür tun muss. Sprich mit mir über deine Wünsche. Deine Wünsche liegen mir sehr am Herzen. Wenn du vor dich hinträumst, bin ich bei dir und prüfe jeden deiner Träume, ob er zu dem guten Plan passt, den ich für dich habe. Manchmal glaubst du, dass ich dein Gebet nicht höre und nicht erfülle. Aber ich höre jedes Gebet, das aus dem Herzen gesprochen wird. Die Engel tragen es mir zu. Ich erfülle jedes Gebet, doch nicht immer auf die Weise, die du für dich ersonnen hast. Ich kenne dich besser und weiß, was du brauchst, um glücklich zu sein. Oft ist das, von dem du glaubst, dass es dich glücklich machen könnte, nicht dazu bestimmt. Es würde dich nicht glücklich machen und von meinem guten Plan für dich entfernen. Ich achte darauf, dass dir nichts geschieht. Doch dazu musst du mich bitten, dich zu führen. Wenn du allein gehst, wirst du sehr oft enttäuscht werden. So muss es nicht sein. Ich möchte deine lenkende Hand sein, deine Stütze in der Not, deine Begleitung in ein Leben voller Liebe und Glück.

88. Nachricht

Gib dich meiner Liebe hin

Wenn die Liebe in dir erwacht, wird sich dein Leben verändern. Da ich die Liebe bin, bin ich es, der dein Leben erneuert. Die Liebe macht alles neu. Nichts bleibt, wie es ist, wenn es von der Liebe, die ich bin, berührt wird. Es gibt nichts, was meine Liebe nicht verwandeln könnte. Gib dich meiner Liebe hin, bemühe dich darum, eine innige Beziehung zu mir aufzubauen. Du wirst an den Wundern, die fortan in deinem Leben geschehen, erkennen, dass ich in deinem Leben wirke. Ich möchte dich und dein Leben so gerne verwandeln und dich beschenken. Doch ich brauche deine Bereitschaft und dein offenes Herz. Ich freue mich schon jetzt auf den Tag, an dem du dich mir ganz zuwendest und deine Seele bereit ist, sich emporzuschwingen in die Liebe.

Die Liebe macht alles neu.

89. Nachricht

Du bist für mich das Schönste, das ich kenne

Wie oft passt du dich an, weil du anderen gefallen willst? Spürst du denn nicht, dass du dich dabei selbst verleugnest? Je länger du dich anpasst und dein wahres Ich verbirgst, desto mehr wirst du dich von mir entfernen. Dein Herz verschließt sich immer mehr, weil du glaubst, du seist nicht gut genug. Für mich bist du gut genug. Du bist mehr als das. Du bist für mich das Schönste, das ich kenne. Doch wenn du dich den Menschen zuwendest und ihnen gefallen willst und mich dabei vergisst, wirst du von Tag zu Tag immer trauriger werden. Die Menschen werden dich nie so lieben können, wie ich es tue. Die meisten Menschen kennen mich nicht und sind nicht mit mir in Verbindung. Sie irren umher und suchen selbst nach Bestätigung. Wie sollten sie dir das schenken können, wonach du dich sehnst? Die wahre Liebe und die vollkommene Anerkennung findest du nicht in der Welt. Du findest sie nur bei mir.

90. Nachricht

Lebe deine Talente

Wenn du einen Traum in deinem Herzen trägst, dann bemühe dich, ihn zu erreichen. Ich helfe dir auf deinem Weg, doch du musst dich entscheiden, dass dein Traum wichtig ist. Das kann ich dir nicht abnehmen. Viel zu oft stellst du deine Träume in den Hintergrund und gibst dich mit einem Leben zufrieden, das dich nicht glücklich macht. Du sollst wissen, dass ich es unterstütze, wenn du dich entfalten möchtest. Es gibt kein »zu spät«, um deinen Traum zu leben. Vertraue dir und der Kraft, die du durch die Verbindung zu mir bekommst. Vertraue dem Leben, das ich bin, und dir werden die richtigen Türen geöffnet. Achte auf die Zeichen auf deinem Weg, die ich dir als Bestätigung gebe. Mir ist es wichtig, dass du deine Talente lebst und von Tag zu Tag glücklicher wirst.

91. Nachricht

Tage in Unbeschwertheit und Glück

Die Leichtigkeit eines Kindes wünschst du dir. Du glaubst, sie sei so weit weg. Das Paradies der Kindheit sei für dich auf ewig verschlossen. Die Wahrheit ist jedoch, dass du das Herz eines Kindes zurückgewinnen kannst, wenn du dich mit mir verbindest. Ich bin die Quelle der Versorgung. Ich bin die Quelle deiner Glückseligkeit. Ich lege die Freude und die Liebe in dein Herz. Das Leben kann dir jeden Tag neu erscheinen, wenn du das Herz eines Kindes besitzt. Es ist nicht notwendig, dass du grübelst und zweifelst. Verlasse dich auf mich und alles wird sich ändern. Ich wünsche mir für dich Tage in Unbeschwertheit und Glück. Diese Tage habe ich bereits für dich geplant. Freue dich, denn ich, dein Gott, bin bei dir und erneuere dein Leben.

Verlasse dich auf mich und
alles wird sich ändern.

92. Nachricht

Vertraue deinen Träumen

Du hast durch unterschiedliche Erlebnisse dein Vertrauen in dich selbst und das Leben verloren. Die negativen Meinungen, die andere Menschen über dich haben, hast du wichtiger gemacht als meine Liebe zu dir. Doch wenn du dich mir zuwendest und erkennst, wie wundervoll ich dich erschaffen habe, wirst du dein Vertrauen in dich und das Leben zurückgewinnen. Du darfst groß denken, du darfst Großes planen. Stell dein Licht nicht unter den Scheffel, sondern lass es leuchten, sodass man dich sieht. Vertraue deinen Träumen und Wünschen, denn ich habe sie in dich hineingelegt. Sie sind in deinen Lebensplan eingraviert. Halte dich nicht mehr selbst klein. Glaube nicht den Zweifeln, die sich in deinem Kopf eingenistet haben. Setze ihnen entgegen, dass du göttlich bist und dir mit mir alles möglich ist. Geh den Weg mit mir gemeinsam und freue dich auf jeden neuen Tag.

93. Nachricht

Die Liebe ist das Tor

Wenn du zu mir betest, zweifelst du oft danach die Erfüllung deines Gebets wieder an. Du glaubst, mich kümmerten deine Belange nicht. Du hoffst, dass sich etwas ändert, doch dein Glaube ist klein. Ich möchte dich bitten, an meine Unterstützung zu glauben. Mir ist keines deiner Anliegen unwichtig oder zu klein. Es liegt mir sehr viel daran, dass du glücklich bist. Ich erwarte dafür nichts weiter als dein Vertrauen und dass du dein Herz öffnest und in Liebe handelst. Die Liebe ist das Tor zu einem erfüllten Leben. Die Liebe in deinem Leben bin ich. Ohne die Verbindung zu dieser Liebe, die ich bin, wird es dir immer wieder schwerfallen oder sogar unmöglich sein, an dich und das Gute zu glauben. Verbinde dich daher mit meinem göttlichen Herzen und dein Leben wird sich vollkommen erneuern.

94. Nachricht

Ich kann jedes Schicksal abwenden

Bedrückt dich etwas, so leg deinen Kummer in meine Hände und lass ihn ganz los. Glaube fest daran, dass ich deinen Kummer verwandeln werde. Solange du ihn festhältst und grübelst und nachts im Bett keine Ruhe findest, kann ich dir nur schwer helfen. Ich brauche dein Vertrauen. Ich brauche deine Bereitschaft zur Hingabe. Du musst nicht allein mit den Widrigkeiten des Lebens kämpfen. Du musst dich nicht verbiegen, um ein gutes Leben zu haben. Ich bin hier bei dir und biete dir meine Hilfe und Unterstützung an, doch dafür brauche ich dein Einverständnis. Die Engel, die ich schicke, um dein Leben zu lenken, greifen nur dann ein, wenn du bereit bist, mir zu vertrauen. Oft bist du selbst dann noch davon überzeugt, alles allein machen zu müssen, wenn du schon am Boden liegst. Rufe mich täglich, damit es erst gar nicht so weit kommt, dass du verzweifelst. In mir leben Glaube, Liebe und Hoffnung. Ich kann jedes Schicksal abwenden und in etwas Gutes verwandeln.

Ich brauche dein Vertrauen.

95. Nachricht

Ich vergebe dir alles

Glaubst du, deine Vergangenheit sei zu schlimm, zu tragisch, um glücklich zu sein? Glaubst du, meine Liebe wende sich nur denen zu, die eine reine Weste haben? Glaubst du, meiner Liebe nicht würdig zu sein? Nichts könnte falscher sein als das. Meine Liebe zu dir ist allumfassend. Ich vergebe dir alles, was du getan oder nicht getan hast. Schütte mir dein Herz aus und finde endlich den langersehnten Frieden. Lass deine Tränen fließen, denn ich bin bei dir und sende dir Trost. Du wirst es fühlen können. Tief in deinem Herzen beginnt die Zeit der Heilung. Ich bin so glücklich, dass du mich gefunden hast. Jetzt beginnt die Zeit der Freude.

96. Nachricht

Lass täglich Liebe durch dich fließen

Liebe heilt. Ich bin die Liebe. Lass täglich Liebe durch dich fließen, indem du dich mit mir von ganzem Herzen verbindest. Sende diese allumfassende Liebe in die Welt. Umhülle den ganzen Planeten mit ihr und stell dir vor, wie er voller Licht durch den Kosmos schwebt. Je mehr Liebe du in dir trägst, desto einfacher wird es für dich, mit Schwierigkeiten umzugehen. Die Liebe schmilzt die Schwierigkeiten wie das Eis in der Sonne. Lass es zu, dass die Liebe dich berührt. Verschließe dich nicht mehr, das hast du lange genug getan. Jetzt ist es an der Zeit, dich und das Leben aus vollem Herzen zu lieben. Jetzt ist es an der Zeit, die Menschheit, die Tiere und die Pflanzen zu lieben. Behandle alles und jeden mit Liebe, Respekt und Geduld, so wird sich dein Leben verwandeln. Ich werde in dir leben und durch dich wirken. Und es wird gut sein.

97. Nachricht

Ich werde dir Kraft schenken

Jeden Morgen solltest du voller Zuversicht sein, dass dieser Tag gut wird und dir viele neue Chancen und wundervolle Momente bringt. Denke nicht zu viel an deine Sorgen, sondern glaube daran, dass ich dir helfen werde. Ich werde dir die Kraft und die Möglichkeiten schenken, dich über deine Probleme zu erheben, und dein Leben zu einem großen Erfolg machen. Du bist dazu geboren, glücklich und erfolgreich zu sein. Steh dir nicht mehr selbst im Weg. Zweifle nicht an meiner Macht. Was bei den Menschen unmöglich ist, das ist bei und mit mir möglich. Meine Kraft kennt keine Grenzen. Mir ist es möglich, dir immer wieder neue Türen zu öffnen. Verzage nicht, wenn es gerade schwer ist. Glaube daran, dass ich dabei bin, dein Leben neu zu ordnen.

Du bist dazu geboren,
glücklich und erfolgreich
zu sein.

98. Nachricht

Ich reiche dir meine Hand

Du erkennst an deiner entspannten Haltung dem Leben gegenüber, ob du mir vertraust oder nicht. Wenn du oft angespannt bist und dich sorgst, so kannst du davon ausgehen, dass du mir nur wenig vertraust. Nutze daher die Zeit, um dich mehr mit mir zu verbinden, und suche das Gespräch mit mir. Erzähle mir alles, was dir auf dem Herzen liegt. Ich bin ein sehr guter Zuhörer. Doch glaube nicht, dass ich nur zuhöre und nichts unternehme. Ich werde alles für dich in Bewegung setzen, um dein Leben zu verändern. Doch was ich dazu benötige, sind dein Vertrauen und deine Hingabe. Deine Zweifel machen es mir nicht möglich, dich und dein Leben zu verändern, denn ich muss deinen freien Willen berücksichtigen. Ich möchte, dass du dich frei entfaltest und lernst, mir und dir selbst zu vertrauen. Würde ich vorher eingreifen, würde ich dich um eine große Lektion bringen und dich somit von deiner Göttlichkeit trennen. Ich reiche dir meine Hand, doch ergreifen musst du sie selbst. Meine Freude wird sehr groß sein.

99. Nachricht

Ich kann dein Leben zum Guten wandeln

Wie oft machst du dir Sorgen um etwas, das du dir in deinen Gedanken ausmalst? Du hast Angst vor möglichen Gefahren, die dein Leben treffen könnten. Dabei geht es weit über die gesunde Vorsicht hinaus. Du verlierst dich oft in schlimmen Szenarien und verlierst das Vertrauen in deine Zukunft. Statt dich auf jeden neuen Tag, jeden neuen Monat, jedes neue Jahr zu freuen, malst du dir die Dinge schwarz. Ich möchte dich daran erinnern, dass du in Verbindung zu mir alles lichtvoll ausmalen kannst. Du kannst dich auf jeden neuen Tag freuen, denn ich kann dein Leben zum Guten wandeln. Doch deine Bereitschaft brauche ich. Erkenne, dass du mit deiner Einstellung und deinen Gedanken deine Gefühle lenkst. Je lichtvoller deine Gedanken sind, desto schöner und großartiger wird dir das Leben erscheinen. Je freudvoller du lebst, desto mehr Chancen, um Gutes zu bewirken, wirst du erkennen. Ich bin die gute Chance, die sich dir überall erneut bietet.

100. Nachricht

Ich erneuere dein Leben

Menschliche Kontakte können trügerisch sein. Wie oft wurdest du schon enttäuscht von Menschen, denen du dein Vertrauen geschenkt hattest? Ich verstehe deinen Schmerz. Ich möchte dich bitten, ihnen zu vergeben, denn wenn du am Groll festhältst, wird er für dich zu einer Zerreißprobe. In der Beziehung zu mir wirst du nicht enttäuscht, denn ich bin immer für dich da. Ich wende mich nicht von dir ab. Nur du kannst dich von mir abwenden, wenn du in der Annahme bist, ich sei ungerecht zu dir oder zu anderen Menschen. Mein göttliches Gesetz kennt keine Ungerechtigkeit. Alles, was ich führe und lenke, ist vollkommen. Nur der Mensch erkennt es nicht und wird durch seine Abkehr von mir in sein eigenes Chaos gestürzt. Deshalb ist es so wichtig für dich, den Kontakt zu mir aufrechtzuerhalten, auch dann, wenn du vom Leben enttäuscht bist. Lass mich dir zeigen, dass es auch anders sein kann. Ich bin für dich da und erneuere jetzt dein Leben.

Ich wende mich nicht
von dir ab.

101. Nachricht

Du bist göttlicher Natur

Warum bist du so streng zu dir? So oft gehst du mit dir selbst ins Gericht und urteilst hart über dich. Das ist nicht das, was ich gerne sehe. Ich möchte nicht, dass du dich selbst verurteilst. Ich wünsche mir, dass du erkennst, dass du göttlicher Natur bist und dir mit mir alles möglich ist. Ich möchte, dass du dich entfaltest und deine Flügel ausbreitest. Glaube nicht den Stimmen, die schlecht über dich reden, sondern lausche meinem Wort. Mein Wort ist gut und erhebend. Mein Wunsch ist es, dass du dein Leben mir weihst und mein Licht auf Erden verbreitest. Du bist auserwählt, meine Liebe unter die Menschheit zu bringen. Doch dies kannst du nur dann, wenn ich dein Herz vorher verwandelt habe. Indem ich dir ein neues Herz schenke, wirst du dich erkennen als das, was du wahrhaftig bist. Verbreite meine Botschaft der Liebe und du bist gesegnet mit allem, was dein Herz begehrt.

102. Nachricht

Genieße den Moment

Verleugne dich nicht länger vor den Menschen, indem du dich ihnen anpasst. Du bist anders als viele, die mich nicht kennen. Deine Seele ist sensibler und nimmt viel mehr wahr als andere. Verbringe Zeit mit mir, damit ich dich stärken kann in deiner Ausrichtung. Du wirst von mir durch alle Schwierigkeiten getragen. Ich bin bei dir und segne deine Schritte. Deine Feinde werde ich aus deinem Leben entfernen. Lass sie gehen, sie sind nicht gut für dich und deinen neuen Weg mit mir. Mach dir keine Sorgen, ich werde dein Herz von der Vergangenheit heilen. Genieße den Moment in der Stille mit mir, denn dort werde ich dir begegnen. Fühle meine Anwesenheit und betrete neue Wege. Hab keine Angst vor einer großen Veränderung. Ich führe dich und geleite dich wohlbehütet durch dein wertvolles Leben.

103. Nachricht

Ich bringe frischen Wind

Die Menschen erwarten oft eine Gegenleistung, wenn sie dir ihre Hilfe anbieten. Nur wenige von ihnen stehen dir bei, wenn du Unterstützung brauchst. Ich jedoch werde keine Gegenleistung von dir erwarten. Wenn ich mich dir zuwende, geschieht dies aus bedingungsloser Liebe. Bei keinem Menschen wirst du diese bedingungslose Liebe finden, denn sie sind ihrer nicht fähig. Sei nicht enttäuscht, sondern hab Verständnis für andere Suchende. Ihr alle seid auf der Suche nach mir. Viele suchen an ganz falschen Orten nach mir und werden dadurch immer misstrauischer. Erkenne die Wahrheit, die ich dir schenke. Öffne dich für meine Unterstützung und Hilfe und sei bereit, dass ich dein Leben erneuere. Dies geschieht nur dann, wenn du dazu bereit bist und dich vertrauensvoll an mich wendest. Leider suchen mich viele Menschen erst dann, wenn es große Sorgen in ihrem Leben gibt. Lass die Zeit nicht ungenutzt verstreichen. Wende dich mir jetzt zu und dein Leben wird neu ausgerichtet. Ich bringe einen frischen Wind.

Öffne dich für meine
Unterstützung und Hilfe
und sei bereit,
dass ich dein Leben erneuere.

104. Nachricht

Liebe erntet Liebe

Ich möchte dich reichlich beschenken, doch das kann ich nur, wenn du dich wert genug fühlst, meine Geschenke, die für dich bereitstehen, auch anzunehmen. Wie oft hast du schon an dir gezweifelt und dich gefragt, warum das Leben so oft gegen dich ist? Das Leben ist nicht gegen dich, das Leben, das ich bin, ist immer gerecht. Ich habe euch damals gesagt, dass ihr ernten werdet, was ihr gesät habt. Dies ist die Wahrheit. Liebe erntet Liebe. Kampf erntet Kampf. Wie lange möchtest du noch allein gegen das Leben kämpfen, anstatt dich mir hinzugeben und zu vertrauen? Ich bin bereit, dein Leben vollkommen zu erneuern und dich mit meiner Liebe zu überschütten. Bist du bereit, diese Liebe anzunehmen?

105. Nachricht

Ich bin dabei, die Erde zu verändern

Dein Herz ist mein Heiligtum. Ich möchte alle Trauer und Verbitterung aus deinem Herzen entfernen. Ich möchte dich erfüllen mit Glaube, Liebe und Hoffnung. Zu lange haderst du schon mit dir und deinem Leben. Daher möchte ich, dass du jegliches Hadern beendest und dich an deinem Leben erfreust. Erkenne mein Wirken in der Natur, erkenne mein Wirken in deinem Leben, erkenne, dass nur das geschieht, was ich geschehen lasse. Oft fragst du dich, wieso ich dies oder jenes in der Welt zulasse. Mein Gesetz von Ursache und Wirkung ist exakt. Doch wisse auch, dass ich jetzt dabei bin, die Erde zu verändern. Denn mein Reich wird kommen. Mein Reich ist ein Reich des Friedens. Mein Reich ist ein Reich der Liebe. Mein Reich ist ein Reich der Fülle und der Vollkommenheit. Mein Reich ist ein Reich der Freude und der Lebendigkeit. Das wahre Leben ist in mir und das wahre Leben kommt mit meinem Reich.

106. Nachricht

Wende dich an mich

Wenn du eine Veränderung in deinem Leben wünschst, wende dich an mich. Da ich einen guten Überblick über dein Leben habe, kann ich es zu deinen Gunsten neu ausrichten. Vertraue mir dabei ganz und gerate nicht in Zweifel. Ich werde dir die notwendige Kraft geben, die du brauchst, um alles zu verändern. Neue Türen werden sich vor dir auftun und dein Weg wird mit guten Chancen gepflastert sein. Meine Liebe zu dir ist so groß, dass ich alles in Bewegung setze, um dich glücklich zu sehen. Ich möchte, dass deine Seele frohlockt, wenn du an mich denkst. Mein Wunsch ist es, dass du dich an deinem Leben erfreust, anstatt sorgenvoll an die Zukunft zu denken. Vertraue mir und sieh, wie dein Leben sich vor deinen Augen neu gestaltet durch meine große Barmherzigkeit.

Ich werde dir die notwendige
Kraft geben,
die du brauchst,
um alles zu verändern.

107. Nachricht

Für mich ist kein Sturm zu groß

Ist dein Leben aus dem Gleichgewicht geraten? Hast du das Gefühl, dass sich alles gegen dich verschworen hat? Dann wende dich an mich und ich werde dein Leben in die göttliche Harmonie bringen. Diese Harmonie wird dein Herz und deine Seele heilen und dich auf eine neue Ebene der Liebe hinauftragen. Lass mich dein Anker sein und vertraue ganz auf mich, wenn sich die Stürme über dich erheben. Für mich ist kein Sturm zu groß, denn schon damals habe ich ihn auf dem Boot zum Schweigen gebracht. Mir ist nichts unmöglich. Du solltest dich täglich an meine große Liebe zu dir erinnern und mich in dein Leben einladen. Bete und sprich aus ganzem Herzen zu mir und ich werde dir mit meiner ganzen Liebe antworten. Meine Antwort wird unmissverständlich sein und dir dein Vertrauen zurückbringen.

108. Nachricht

Mein Segen ruht auf dir

Der Frieden entsteht in dem Herz, das mit mir verbunden ist. In einem Herz, das ich nicht erneuert habe, kann kein dauerhafter Frieden sein. Jetzt, da du mich in dein Leben bittest, bin ich da, um dein Herz zu erneuern. Fortan sollen nur der Frieden und die Liebe in deinem Herzen wohnen. Alle anderen Gefühle sollen für immer verschwunden sein. Mein göttlicher Frieden entfernt jegliche Bitterkeit aus deiner Seele. Alles erstrahlt in einem sanften Licht, das ich nun in dich hineinstrahlen lasse. Mein Segen ruht auf dir und meine Liebe fließt dir zu. Du bist gesegnet mit meiner allumfassenden Barmherzigkeit. Verbinde dich täglich mit mir, bete zu mir, sprich mit mir und ich werde dein Leben zu einem heiligen Leuchtfeuer machen.

109. Nachricht

Du kannst auf meine Hilfe bauen

Meine Unterstützung ist dir gewiss. Du kannst auf meine Hilfe bauen und dich bei mir ausruhen. Was ich wirklich von dir brauche, ist deine eindeutige Entscheidung, dein Leben mir zu weihen und dem Zweifel und der Angst abzuschwören. In mir sind weder Angst noch Zweifel. Nur Glaube, Liebe und Hoffnung sollen dich fortan leiten und lenken. Wieso haderst du so oft mit dem Leben? Du haderst, weil du mich noch nicht kennst. Würdest du mich kennen, wüsstest du, dass ich jedes Schicksal zum Guten wenden kann. Deine Zweifel an mir sind Gift für unseren Kontakt. Beschäftige dich täglich mit mir, um mich immer tiefer zu verstehen. Ich habe einen Plan für dich. Ich möchte dich lenken und dich reichlich segnen. Doch ich brauche deine Offenheit. Bekomme ich diese, werde ich Wunder in deinem Leben geschehen lassen.

Ich habe einen Plan
für dich.

110. Nachricht

Du wirst selbstbewusster werden

Was du säst, das wirst du ernten. Das sagte ich euch damals. Seitdem hat sich dieses Gesetz nicht geändert. Ich möchte, dass du weißt, dass ich die Saat, die du aussäst, mit meiner Liebe segnen kann. Mein Wunsch ist es, dass du nur noch Gutes erntest und dein Leben im Überfluss meiner Liebe stattfindet. Ich begleite dich durch alle Höhen und Tiefen, doch bin ich nun zu dir gekommen, um dich aus den Tiefen zu befreien. Möchtest du diese Befreiung annehmen? Ich freue mich über jeden Kontakt mit dir und werde dich täglich mit meiner göttlichen Liebe berühren. Du wirst auf eine sanfte Art selbstbewusster werden und erkennen, welche Menschen ich in deinem Leben sehen möchte. Meine Wahl trifft die Menschen, die dich treu begleiten. Alle anderen werde ich aus deinem Leben entfernen, denn ich möchte, dass du nur von Liebe umgeben bist. Durch diese Liebe wirst du meinen göttlichen Plan erfüllen und die Menschen der Erde an mich erinnern.

111. Nachricht

Du wirst niemals allein sein

Du wurdest schon oft von Menschen enttäuscht und deine Vergangenheit lastet dir manchmal wie ein schwerer Rucksack auf deinen Schultern. Bitte erinnere dich, dass die Vergangenheit keine Bedeutung für dein Leben mit mir hat. Was auch immer in deinem Leben passiert ist, ich kann dich davon befreien. Ich kann dein Herz in der Tiefe heilen, sodass du befreit bist von jeglicher Trauer. Es ist nicht mehr nötig zurückzuschauen. Was gewesen ist, ist vergangen. Es liegt hinter dir und du darfst es mit meiner Hilfe vollkommen loslassen. Ich war immer an deiner Seite und habe darauf gewartet, dass du dich mir zuwendest. Meine Engel waren deine ständigen Begleiter. Du warst niemals allein und wirst niemals allein sein. Einsamkeit ist ein Trugschluss. Meine Liebe ist allumfassend. Ich freue mich auf jeden Tag mit dir.

112. Nachricht

Ein achtsames Leben

Manchmal fragst du dich, warum bestimmte Dinge in deinem Leben geschehen sind und warum ich nicht da war und dir geholfen habe. Ich war da, doch du hast dich entschieden, diese Dinge erfahren zu wollen. Deine Selbstliebe war zu gering und du warst nicht innig genug mit mir verbunden, um zu erkennen, wie wichtig es ist, dich aus Liebe von dunklen Wegen zu verabschieden. Mein Gesetz von Ursache und Wirkung ist sehr exakt und immer präsent. Dieses Gesetz erfasst jeden Gedanken, jedes Wort, jede Handlung. Ich möchte dich erneuern und dir ein neues Herz geben, damit du achtsamer umgehst mit dem, was du denkst, sprichst und tust. Es ist von großer Bedeutung, dass du erkennst, dass ich ein Gott der Liebe bin, der keine Disharmonie möchte. Ich bin ein Gott des Friedens und ich bin jetzt hier bei dir, um dich aus deinen persönlichen Dramen zu befreien. Ich bin bei dir, um dir ein neues Leben zu schenken.

Ich bin ein Gott des Friedens
und ich bin jetzt hier bei dir,
um dich aus deinen persönlichen
Dramen zu befreien.

113. Nachricht

Ich führe dich zu deinem angemessenen Platz

Wenn du dein Leben mit mir führst, erkennst du die Wege, die für dich gut sind. Du erkennst die Chancen und Möglichkeiten, die ich dir biete. Es wird dir leichtfallen, dich auf Neues einzulassen, weil du dich von mir getragen und behütet fühlst. Es wird dir leichtfallen, dich von Menschen zu verabschieden, die deine Liebe zu mir und zum Leben nicht verstehen. Du liebst das Leben, wenn du mit mir verbunden bist, aber du klammerst dich an nichts. Freiheit ist dein oberstes Gebot, doch du findest diese Freiheit in mir und suchst sie nicht mehr in der Welt. Die Welt wird dir in diesem Zustand keine Freiheit schenken können. Erst wenn ich die Welt erneuert habe, wirst du die Möglichkeit haben, dich vollkommen auszudrücken. Ich bin bei dir und führe dich zu deinem dir angemessenen Platz. Vertraue auf mich und hoffe immer auf das Gute. Lass dich von der Welt nicht aus der Ruhe bringen, was immer sie dir auch vorspielt. Mein Reich wird das Netz aus Lügen und Intrigen auslöschen. Mein Reich wird kommen.

114. Nachricht

Wie eine Rose sollst du erblühen

Meine Liebe zu dir ist unbegrenzt. Ich verurteile dich nicht, egal, was du in deiner Vergangenheit getan hast. Doch es ist wichtig, dass du dich von mir erneuern lässt und fortan nach meinen Geboten der Liebe lebst. Deine Neugeburt ist mein Wunsch, eine Neugeburt des Herzens. Darum bitte ich dich, dass du dich von mir umformen lässt. Wo Angst ist, möchte ich Vertrauen pflanzen. Wo Sorge ist, möchte ich Selbstliebe pflanzen. Wo Zweifel sind, möchte ich Stärke pflanzen. Ich möchte alles in dir zum Guten wenden. Wie eine Rose sollst du erblühen und alle sollen sich an deinem neuen göttlichen Sein erfreuen. Du sollst leuchten wie ein Stern in dunkler Nacht. Dein Licht soll so hell sein, dass du anderen Suchenden den Weg weisen kannst. Dies ist mein Wunsch für dich, weil ich dich liebe.

115. Nachricht

Ich habe dich für die Freude erschaffen

Wenn du dir deine innere Kindlichkeit durch die Liebe zu mir zurückeroberst, wirst du mit mehr Leichtigkeit durch dein Leben gehen. Du wirst dich von alten Belastungen befreien und dich neu ausrichten. Du wirst die Wunder sehen, die ich dir jeden Tag schenke. Zuvor warst du blind und konntest meine Schönheit nur wenig wahrnehmen. Doch jetzt, da du mich immer mehr kennenlernst, werden deine Augen für den Zauber meiner Schöpfung geöffnet. Wie sehr freue ich mich, wenn ich das Blitzen in deinen Augen sehe, wenn du eine Blume betrachtest oder dem Gesang der Vögel lauschst. Mein Wunsch ist es, dich jeden Tag mit einem Lächeln im Gesicht zu sehen, denn ich habe dich für die Freude erschaffen und nicht für die Trauer. Ich bin bei dir und werde dir meine Wunder zeigen und dich für die Schönheiten des Lebens empfänglich machen.

Du wirst die Wunder sehen,
die ich dir jeden Tag schenke.

116. Nachricht

Ich bin deine Burg, wenn du Schutz suchst

Ich bin deine Stärke, wenn du strauchelst. Ich bin dein Anker, wenn du von einem Sturm erfasst worden bist. Ich bin deine Burg, wenn du Schutz suchst. Meine Kraft und meine Liebe setze ich für dich und deinen Lebensplan ein, den ich für dich bestimmt habe. Dieser Plan, den ich für dich habe, wird sich jedoch nur dann erfüllen können, wenn du nach meinen Geboten lebst und mir vollkommen vertraust. So lange suchst du schon nach dem Vertrauen von Menschen. Du wünschst dir ihre Anerkennung und tust so viel dafür. Doch wie oft wurdest du schon enttäuscht? Ich möchte dir zeigen, dass dein Vertrauen in mich niemals enttäuscht wird. Wer mir vertraut, ist gesegnet. Das Vertrauen der Menschen in mich ist jedoch oft sehr gering. So gering, dass es mir nicht möglich ist, ihr Leben zu verwandeln. Ist es bei dir anders? Möchtest du mir vertrauen und mich in deinem Leben wirken lassen?

117. Nachricht

Der Weg aus dem Irrgarten

Überlasse mir die Führung in deinem Leben und dein Leben wird eine Wende nehmen. Bemühe dich allein und es wird eine Herausforderung bleiben. Ich wünsche mir, dass du erkennst, wie mächtig ich in deinem Leben wirken kann und wie sehr mir dein Glück am Herzen liegt. Mir ist es möglich, alles für dich zu verwandeln. Gib dein Misstrauen mir gegenüber auf und wisse, dass ich bereit bin, dich und dein Leben zu verwandeln. Ein Mensch, der sich mir anvertraut, wird verwandelt. Er bekommt ein neues Herz, das ihn wahrhaftig zu einem Leuchtfeuer für andere Suchende macht. Wer mir vertraut, wird seine Schritte von mir lenken lassen und überall offene Türen vorfinden. Wer mir aber nicht vertraut, wird wie in einem Irrgarten umherlaufen. Ich möchte dir einen Weg aus diesem Irrgarten zeigen und dich fortan sicher führen.

118. Nachricht

Ich möchte ein Wunder für dich kreieren

Ein neues Leben geschieht oft sehr plötzlich. Manchmal ändert sich alles in einem einzigen Augenblick, der einem Wunder gleichkommt. Ich möchte gerne so ein Wunder in deinem Leben kreieren, doch das kann ich nur, wenn du bereit bist, das Alte hinter dir zu lassen. Manchmal zweifelst du, ob du das Dunkle, das dich schon so lange belastet, hinter dir lassen kannst. Ich bin bei dir und biete dir meine Hand, um das Land der Trauer und der Angst zu verlassen. Ich bin bei dir, um dich in ein neues Land zu führen. Ich bin bei dir, um mein Reich in dir zu erbauen. Ein neues Herz möchte ich dir schenken, das dich bereit macht für meine reichlichen Segnungen. Fürchte dich nicht, sondern vertraue mir. Ich bin dein Wegweiser, deine Stütze, dein Begleiter in ein neues Leben voller Freude und Liebe.

Fürchte dich nicht,
sondern vertraue mir.

119. Nachricht

Meine Hand wird dich führen

Meine Wege sind sanft und meine Ratschläge weise. Wenn du mir vertraust, werden deine Schritte mit jedem Tag sicherer. Du wirst nicht mehr zurückblicken oder über das klagen, was vergangen ist. Stattdessen wirst du deinen Kopf erheben und dich aufmachen in ein neues Leben. Wenn du dich mit mir verbindest, bleibt nichts mehr so, wie es einmal war. Ich bin die Veränderung, die du schon so lange gesucht hast. Ich bin der neue Weg, nach dem du viele Jahre vergeblich Ausschau gehalten hast. Ich bin der Ausweg aus deinen Sorgen und deinen Kümmernissen. Meine Hand wird dich führen und mein Wort wird dich stärken. Erfrische dich täglich durch die Verbindung mit mir. Ich habe keine Sprechzeiten, ich bin immer für dich da.

120. Nachricht

Jetzt beginnt ein neues Leben

Wenn du dich nach einer großen Veränderung sehnst, so sprich mit mir darüber. Ich möchte deine Pläne und Wünsche mit dir gemeinsam erfüllen. Meine Liebe zu dir wird dir neue Türen öffnen, die du zuvor nicht gesehen hast. Mir ist alles möglich, das solltest du niemals vergessen. Wenn du mich an deiner Seite hast, gehst du voller Vertrauen durch dein Leben. Denn du weißt, dass meine Wege gut sind und meine Pläne für dich klar und voller Liebe. Vergiss alle Enttäuschungen, die dich entmutigt haben. Jetzt beginnt ein neues Leben. Ich werde alles neu machen. Meine Engel sende ich zu dir, die dein Leben ordnen und neu ausrichten. Freue dich, denn du bist gesegnet.

121. Nachricht

Dein Leben wird eine Wende nehmen

Wenn du um etwas bittest, so höre ich dich. Wenn du dich nach etwas sehnst, so nehme ich es wahr. Es ist nicht so, dass ich deine Gebete nicht erhören möchte. Ich wünsche mir nichts sehnlicher, als dass du glücklich bist. Doch viele Zweifel haben sich im Laufe der Zeit in deiner Seele ausgebreitet. Zweifel, die dich von mir entfernt haben. Du glaubst, ich kümmerte mich nicht um dein persönliches Leben. Nichts liegt mir ferner als das. Ich bin bestrebt, dein Leben zu erneuern und es schöner werden zu lassen, als du es dir ausmalen kannst. Ich brauche dazu jedoch dein Vertrauen und dein inniges Gebet zu mir. Sprich zu mir und richte dich immer wieder auf meine Kraft aus. So wird dein Leben eine Wende nehmen, die einem Wunder gleicht.

Ich bin bestrebt,
dein Leben
zu erneuern und
es schöner werden
zu lassen,
als du es dir
ausmalen kannst.

122. Nachricht

Neue Chancen und Möglichkeiten

Nimm dir täglich Zeit für das Gebet und das Gespräch mit mir. Wenn du mich aus deinem Leben ausklammerst, wirst du es spüren, denn es treten augenblicklich Verwirrung und Überforderung auf. Es wäre so leicht für dich, dein Leben zu erneuern, du musst dich mir nur aus ganzem Herzen zuwenden. Mir ist es möglich, auch große Sorgen und Probleme zu klären, wenn du mir nur vertraust. Ich sende dir neue Chancen und Möglichkeiten und kann Wunder wahrmachen. Die Voraussetzung dafür ist jedoch, dass du nach meinen Geboten lebst, die auf der Liebe gegründet sind. Wenn du dich in deiner Vergangenheit von der Liebe abgewandt hast, so schütte mir dein Herz aus und lass es von mir reinwaschen. Es gibt nichts, das ich nicht vergebe. Ich möchte aus dir einen neuen Menschen machen, der ein Leuchtturm für andere Suchende ist.

123. Nachricht

Eine goldene Zukunft

Hast du Sehnsucht danach, mein Wort zu vernehmen? Möchtest du direkte Weisungen von mir erhalten? So wende dich mir aus ganzem Herzen zu und bitte mich um weise Führung. Ich werde da sein und dir zu gegebener Zeit direkte Hinweise geben, die du innerlich empfängst. Wenn ich deinen Körper, deine Seele und deinen Geist gereinigt habe, wirst du zu einem Tempel für meine Verkündigungen. Ich möchte mit dir sprechen, damit du gute Wege gehst und von den dunklen Wegen Abstand nimmst. Mein Wunsch für dich ist eine goldene Zukunft. Achte täglich auf meine Hinwendung zu dir und vernimm meine Stimme im Gebet und im täglichen Gespräch mit mir. Sei nicht ungeduldig. Der Tag, an dem ich mich direkt an dich wende, ist nicht mehr fern.

124. Nachricht

Deine Empfindsamkeit ist ein Geschenk

Deine Empfindsamkeit ist dir in die Wiege gelegt, denn du bist von mir auserwählt worden, die Liebe zu den Menschen zu bringen. Ein Mensch, der diese Aufgabe bekommen hat, ist empfindsam und sensibel. Oft hast du unter deiner Empfindsamkeit gelitten. Doch wisse, dass sie ein Geschenk an dich ist. Wenn du dich täglich mit mir verbindest, werde ich dich stärker machen, sodass du nicht mehr unter deiner Empfindsamkeit leidest, sondern sie vielmehr als göttlichen Segen erfährst. Mir liegt dein Wohl sehr am Herzen. Deshalb bin ich gekommen, um dich zu schützen und zu stärken. Du hast mich schon oft bewusst und unbewusst gerufen, deshalb liest du nun diese Worte. Du bist nicht allein. Ich kenne dich und ich liebe dich so, wie du bist. Es wird alles gut, denn ich bin das unendlich Gute, die Barmherzigkeit und die Liebe.

Ich kenne dich
und ich liebe dich so,
wie du bist.

125. Nachricht

Meine Engel sind immer bei dir

Vertraue darauf, dass ich immer bei dir bin. Manchmal glaubst du, ich hätte dich verlassen oder nähme deine Anliegen nicht ernst. Aber meine Engel sind immer bei dir und tragen deine Gebete zu mir. Jedes Gebet wird ernst genommen und die Engel geben ihr Bestes, um dich reichlich mit den Gaben Gottes zu beschenken. Doch nicht jeder Wunsch, den du hast, ist wirklich gut für dich. Manchmal bist du geblendet von deinen Emotionen oder wurdest von einem anderen Menschen geblendet. Überlass daher alles mir und vertraue, dass ich dein Leben so erneuere, wie es für dich richtig ist. Ich habe einen überaus guten Plan für dich und möchte, dass du mir ganz vertraust. Dein Vertrauen wird belohnt werden.

126. Nachricht

Wer zu mir kommt, wird leben

Ich möchte dich mit allem, was du brauchst, beschenken. Mein Wunsch ist es, dass du in Fülle lebst und mich in den Mittelpunkt deines Lebens stellst. Viele Menschen stellen ihren Erfolg in den Mittelpunkt ihres Lebens. Dabei vergessen sie, dass das Leben endlich ist und sie diese Welt irgendwann verlassen müssen. Was bleibt ihnen dann, wenn sie den weltlichen Erfolg über alles gestellt haben? Es macht mich traurig, wenn ein Mensch ganz und gar eingenommen ist von ausschließlich weltlichen Zielen. Denn er vergisst nicht nur mich, sondern auch sich selbst auf diesem Weg. Er erkennt nicht, dass er für eine göttliche Aufgabe gemacht worden ist. Heißt das, dass du nicht nach Erfolg streben darfst? Doch, das darfst du. Doch setze die Welt niemals an die erste Stelle, denn die Welt wird vergehen, meine Worte aber bleiben bestehen. Ich bin der Anfang und das Ende. Wer zu mir kommt, wird leben und niemals sterben. Denn ich bin der Weg, die Wahrheit und das Leben.

127. Nachricht

Ich klopfe schon lange an deine Tür

Ich bin der Fürst des Friedens. Wenn ich in dein Herz und dein Haus einkehren darf, werde ich Frieden bringen. Doch glaube nicht, dass alle dich verstehen, wenn du dich mir zuwendest. Viele werden sich von dir abwenden, da sie mich noch nicht erkannt haben und ihnen das Licht, das von mir ausgeht, Angst macht. Bete für diese Menschen und lass sie los. Solange die Menschen das Gesetz von Ursache und Wirkung nicht verstehen, werden sie sich nicht ändern. Sie glauben, ihre Taten blieben ohne Widerhall, doch genau das Gegenteil ist der Fall. Das, was der Mensch aussendet, das kommt zu ihm zurück. Ich habe es den Menschen schon damals gesagt und so sage ich es jetzt noch einmal: Das, was du säst, wirst du ernten. Dies ist das unumstößliche Gesetz Gottes. Ich kann dich reinwaschen, damit du fortan nur noch Liebe und Frieden säst. Ich klopfe schon lange an deine Tür und ich bin so froh, dass du sie mir jetzt geöffnet hast.

Wenn ich in dein Herz und dein Haus einkehren darf, werde ich Frieden bringen.

128. Nachricht

Du bist beschützt

Meine Engel wirken für mich und sind darum bemüht, dich zu beschützen und zu lenken. Doch wisse, dass es auch Engel gibt, die sich von mir abgewandt haben und dich in eine Falle locken wollen. Sie sind die gefallenen Engel, die sich für die Dunkelheit entschieden haben. Täglich finden Kämpfe statt, in der jenseitigen Welt genauso wie auf der Erde. Ihr müsst euch durch das Gebet zu mir schützen. Betet täglich und seid wachsam, denn ihre List ist trügerisch. Die Engel, die für mich wirken, haben nur ein Ziel: dich zu mir zu bringen. Die gefallenen Engel haben jedoch genau das gegenteilige Ziel: dich von mir abzubringen. Wenn du zu mir betest und dich mir täglich zuwendest, bist du geschützt vor ihrer Täuschung. Du wirst ihre Fallen erkennen und nicht hineintappen. Bete Tag und Nacht, wenn du in Bedrängnis bist. Ich werde da sein und dich befreien.

129. Nachricht

Meine Engel behüten deine Seele

Ich bin bei dir am Tag und in der Nacht. Niemals bist du allein. Auch in deinen schwierigsten Stunden war ich immer da. Meine Engel behüteten deine Seele in den Stunden, in denen du dich verlassen fühltest. Meine Heiligkeit ist immer da, meine Gnade durchströmt alles. So bin ich auch in den finstersten Gebieten, wo Elend herrscht, und hebe die Seelen der Leidenden empor ins Licht. Ich bin kein Gott, der Elend will. Ich bin ein Gott des Friedens und der Liebe. Nimm meinen Frieden in dich auf und verbreite ihn über die Erde. Werde zu einem Friedensträger in dunklen Zeiten. Verbreite mein Licht, auf dass die Dunkelheit erhellt wird. Ich bin die Fackel in deinem Herzen, die niemals erlischt. Ich bin der Weg, den du gehst, und ich bin der Begleiter an deiner Seite, der dich sicher durch Berge und Täler führt.

130. Nachricht

Deine Schwierigkeiten sollen jetzt vorbei sein

Solange du wehmütig oder anklagend zurückblickst, hast du keinen klaren Blick nach vorn. Du übersiehst die Wunder, die sich dir täglich zeigen, wenn du dich nicht von deiner Vergangenheit lösen kannst. Geh in die Stille und sprich mit mir, so werde ich dich befreien von der Last, die auf deinen Schultern liegt. Ich werde dich erheben über deine Schwierigkeiten, die dich in der Vergangenheit belastet haben. Sie dürfen und sollen jetzt vorbei sein. Es ist keine Zeit mehr, die kostbaren Augenblicke mit wehmütigen Gedanken und Gefühlen zu vergeuden. Ich wünsche mir, dass du im Moment erkennst, wie gut alles ist, was ich dir anvertraue. Geh sorgfältig mit meinen Gaben um. Wenn du das tust, werden sich neue Türen der Liebe und des Glücks für dich öffnen.

Gehe in die Stille
und sprich mit mir,
so werde ich dich befreien von
der Last, die auf deinen
Schultern liegt.

131. Nachricht

Du bist ein unendliches Wesen

Wie oft hast du das Glück schon an falscher Stelle gesucht? Manchmal glaubtest du, es eingefangen zu haben, doch dann ist es dir davongeflogen wie ein bunter Schmetterling. Du hast dich so bemüht, dass es bei dir bleibt, doch was du auch unternommen hast, du konntest es nicht festhalten. Das irdische Glück ist sehr fragil und es wird dich nur für eine kurze Weile besuchen. Das Glück jedoch, das ich dir schenke, ist unabhängig von äußeren Bedingungen. Meine Gnade kann dich in jeder Lebenssituation berühren und verwandeln. Du kannst ganz plötzlich von ihr berührt werden und erkennen, wer ich bin. Wenn du erkennst, wer ich wahrhaftig bin, der Frieden und die Liebe, erkennst du auch, wer du bist. Du wirst dir bewusst über deinen Wert, der nichts mit den vergänglichen Werten der Welt zu tun hat. Du bist ein unendliches Wesen und kannst dich für die Liebe und den Frieden entscheiden. Wenn du dich für Frieden und Liebe entscheidest, entscheidest du dich für mich und alles wird neu.

132. Nachricht

Ich bin die Vergebung

Meine Engel beobachten dich oft und sehen, wie hart du mit dir selbst ins Gericht gehst. Sie sorgen sich um dich. Sie kommen zu mir und berichten mir von deiner harten Strenge dir selbst gegenüber. Sie sind bekümmert, weil du meine Vergebung und Liebe nicht annehmen kannst. Erinnere dich daran, dass ich alles vergebe und immer bereit bin, deine Last, die auf deinen Schultern liegt, zu entfernen. Doch du musst dich mir zuwenden. Du musst eine innige Beziehung zu mir aufbauen, damit ich dich mit meiner Gnade erreichen kann. Wenn du für meine Gnade nicht offen bist, kann ich dir nicht helfen. Dann muss ich dich loslassen und hoffen, dass du irgendwann einmal offen sein wirst für meine liebevolle Vergebung. Ich warte immer auf dich, dass du dich mir zuwendest, damit ich dich reichlich mit meiner Gnade segnen kann.

133. Nachricht

Du wirst deinen Weg erkennen

Je besser du mich kennenlernst, desto klarer wird dir das Leben vorkommen. Du wirst deinen Weg erkennen und ihn mit festen und sicheren Schritten gehen können. Du fühlst dich stark, doch nicht in einer weltlichen Art, sondern aus einer geistigen Quelle genährt. Jeder Tag wird dir wertvoll erscheinen und dir viele Möglichkeiten geben, mehr Liebe und Frieden zu verbreiten. Du wirst nicht mehr durch das Leben hetzen, sondern dir Zeit nehmen für dich und für mich. Dadurch wird dein Leben von der Wurzel erneuert und du wirst wie ein starker Baum den Stürmen trotzen. Das wünsche ich mir von dir; deshalb richte ich mein Wort an dich. In Wahrheit gibt es keinen Tag, an dem ich schweige. Wer Ohren hat, der hört mich. Doch wer sein Herz verschlossen hat, der irrt blind und taub durchs Leben. Bete für diese armen Seelen. Du bist gesegnet, denn du möchtest mich kennenlernen.

In Wahrheit
gibt es keinen Tag,
an dem ich schweige.

134. Nachricht

Nimm meine Hilfe an

Wirf deine Sorgen auf mich und ich werde dir einen Weg hinaus weisen. Solange du allein mit den Widrigkeiten des Lebens kämpfst, wirst du straucheln und verzweifeln. Es ist schwer, gegen das Leben in den Kampf zu ziehen. Es ist schwer, dich immer wieder der Dunkelheit gegenüberzustellen. Du wirst niemals gegen sie gewinnen können, denn ihre Tricks und Fallen sind so geschickt, dass du sie nicht erkennst. Wenn du aber mit mir deinen Lebensweg gehst, weichen die Fallensteller zurück und machen mir Platz. Ohne mich bist du ihnen schutzlos ausgeliefert. Nimm meine Hilfe an, damit du weniger Plagen hast. Ich möchte, dass du an mir und durch mich wächst und die dunklen Herausforderungen hinter dir lässt. Ich möchte, dass du Frieden in deinem Herzen trägst. Diesen Frieden findest du in der Verbindung zu mir in der Stille, der Meditation und dem innigen Herzensgebet.

135. Nachricht

Probiere neue Wege aus

Manchmal sehnst du dich nach einem Neubeginn, doch die Ängste halten dich zurück. Du möchtest gerne alles einkalkulieren und darüber hinaus verlierst du deinen Mut. Die Suche nach Kontrolle lässt dich zögern und bevor du dich versiehst, hast du die Sehnsucht nach einem Neubeginn als Träumerei abgetan und sie in die Schublade der Unsicherheit gepackt. Lieber beim Alten bleiben, selbst dann, wenn du bereits merkst, dass dir diese Jacke nicht mehr passt. Sie zwickt vorne und hinten und du bekommst kaum Luft. Doch der neue Weg, was wird er bringen? Vielleicht ist alles nur eine Flucht vor der Wirklichkeit? Ich möchte dich ermutigen, neue Wege auszuprobieren, denn wer nicht vorwärtsgeht, bleibt mit der Zeit stehen. Stillstand ist schmerzvoll und zeigt sich als Gefühl der Unzufriedenheit und der Sinnlosigkeit. Lieber bewegen und verändern und dabei oftmals stolpern als stehenbleiben und nichts mehr wagen. Setze deine Schritte mit mir, erzähle mir von deinen Plänen und ich werde da sein und dich begleiten.

136. Nachricht

In der Stille wachsen deine Wurzeln

Solange du keine Wurzeln hast, werden dir auch keine Flügel wachsen. Deine Wurzeln findest du in mir. Ich bin der Boden, in dem du deine Wurzeln verankern kannst. Ich bin der Himmel, in dem du deine Flügel ausbreiten kannst. Wurzeln erhältst du, wenn du erkennst, als was ich dich gedacht und ersonnen habe. Flügel bekommst du, wenn du den Auftrag verstehst, den ich von Anbeginn der Zeit in dich hineinlegte. In der Stille wachsen deine Wurzeln. In der meditativen Hinwendung zu mir werden sie tiefer und tiefer, bis du so verankert in mir bist, dass deine Flügel sich entfalten und du zu einem Engel des Friedens wirst, der sich aufschwingt und allen meine Gnade verkündet.

Ich bin der Boden
in dem du deine Wurzeln
verankern kannst.

137. Nachricht

Die wahren Leuchttürme dieser der Welt

Wenn du mich immer näher zu dir ziehst, wirst du Einheit in mir finden. Das ist das einzige Ziel des Menschen: zurückzufinden in die Einheit. Doch viele suchen das Gefühl der Einheit in der Welt. In der Welt jedoch werden sie es niemals finden. Sie werden umherirren und sich im Kreis drehen, bis hin zur völligen Verzweiflung. Wenn die Menschen doch nur erkennen würden, dass ich das bin, was sie die ganze Zeit suchen. Die Erfüllung, die ich schenken kann, ist jenseits von allen weltlichen Verlockungen und Genüssen und geht weit über das hinaus, was der Mensch sich vorstellen kann. Nur wenige sind es, die diese Gnade finden. Diejenigen jedoch, die von ihr berührt werden, strahlen eine Güte und einen Frieden aus, der nicht von dieser Welt ist. Es sind die wahren Leuchttürme dieser Welt. Manche leben es in der Stille für sich, andere lassen ihr Licht hell aufleuchten, sodass die Suchenden sie finden können.

138. Nachricht

Ich werde dich sicher führen

An manchen Tagen ist der Schleier zum Himmel dünn und du erhaschst ein Gefühl meiner Seligkeit. Doch schnell ist es wieder verflogen und du trauerst ihm sehnsüchtig hinterher. Die Seligkeit, die du in mir finden kannst, ist jedoch nicht über eine schnelle Straße zu erreichen. Vielmehr ist es ein langer Weg, den du gehen wirst. Dieser Weg ist nicht immer gerade und manchmal stehst du vor einer Weggabelung und weißt nicht, in welche Richtung du dich wenden kannst. In solchen Momenten ruh dich aus, geh ins Gebet, sprich mit mir und ich werde dich sicher führen. Ungeduld ist auf dem Weg, der zu mir führt, keine gute Begleiterin. Dagegen sind Geduld, Zufriedenheit und Besinnung die richtigen Gefährten zum Wandern. Erinnere dich immer daran, dass ich bei jedem Schritt, den du gehst, bei dir bin. Irgendwann wirst du das Ziel erreicht haben und wir können gemeinsam den Sonnenaufgang genießen.

139. Nachricht

Die ganze Natur ist beseelt

Wenn du eine Blume betrachtest, so erkenne das Licht in ihr, das ich bin. Wenn du einen Baum betrachtest, so erkenne im Rauschen der Blätter die Kraft, die ich bin. Wenn du einen Bach betrachtest, so höre das Plätschern als meine Stimme, die zu dir spricht. Wenn du die Wolken betrachtest, so erkenne die Hand, die sie vorwärtsschiebt, die ich bin. Die ganze Natur ist beseelt und ich habe Heilkraft in sie hineingelegt, die der Mensch immer mehr für sich entdecken wird. Ich habe alles erschaffen, was der Mensch braucht, doch er zieht es oft vor, eigene Entscheidungen darüber zu treffen, was gut für ihn ist. Ich möchte keine Krankheit, doch der Mensch, der sich von mir abgewandt hat, lebt kein gutes, gesundes Leben. Stille, Ruhe, Gebet und das innige Gespräch mit mir sind essenziell für die Menschen. Ich freue mich, dass du mich gesucht hast und meine Wahrheit immer mehr erfassen und erkennen möchtest.

Die ganze Natur ist beseelt und
ich habe Heilkraft
in sie hineingelegt,
die der Mensch immer mehr für
sich entdecken wird.

140. Nachricht

Werde aktiv

Denke nicht zu intensiv über das nach, was vergangen ist. Du kannst es nicht mehr ändern. Grüble nicht zu sehr über verpasste Chancen, sondern ergreife die, die ich dir immer wieder schenke. Ich wünsche mir, dass du erkennst, wie einfach das Leben sein kann, wenn du mir vertraust. Ich habe einen guten Plan für dich. Einen Plan, der dich an den Platz bringt, der für dich vorgesehen ist. Wenn du erkennst, wie wichtig du bist, dann wird es dir leichtfallen, aktiv zu werden. Du wirst dein Leben nicht länger mit Warten vergeuden, sondern aktiv werden. Vertraue mir deine Ziele an und ich werde sie an den Plan, den ich für dich habe, anpassen. Ich möchte, dass du glücklich und erfolgreich wirst. Ich möchte, dass du erkennst, wie großartig du bist. Es ist keine Zeit mehr, um dich anzuzweifeln und zu sabotieren. Es ist Zeit für deine göttliche Kraft, die du durch mich liebevoll entfalten kannst.

141. Nachricht

Du wirst mit jedem Tag achtsamer

Dein Geist soll klar sein, damit deine Worte klar sind. Einen klaren Geist bekommst du, wenn du täglich in die Stille gehst, betest und meditierst. Wenn du nicht in deiner Mitte bist, wählst du keine guten Worte. Du ziehst dich mit dem, was du sagst, sehr oft selbst runter. Mein Wunsch für dich ist es, dass du Worte der Liebe, der Freude und des Gelingens nutzt. Achte auf jedes Wort, das du sprichst, und du wirst immer mehr erkennen, dass Worte nicht nur leere Hüllen sind, sondern auch Träger deiner Energie. Welche Worte du über dich und das Leben sprichst, hat Auswirkung auf das, was du erlebst. Wenn du anfängst, dich und das Leben mit guten Worten zu beschreiben, ändert sich alles. Du wirst mit jedem Tag achtsamer werden und dir wird es als Folge schwerfallen, die negativen Worte anderer zu hören. Das gemeinsame Jammern und Klagen wird dir nichts mehr geben, denn du hast erkannt, dass Worte über deine innere Befindlichkeit bestimmen.

142. Nachricht

Lebe voller Kraft

In der Hektik des Lebens vergisst du oft, dass deine wahre Kraft aus der Stille kommt. Sorge also täglich dafür, dass du Zeiten der Ruhe für dich hast, in denen du dich ganz auf dich besinnst. Ich werde dir in diesen Ruhephasen meine Kraft schenken und dir wichtige Impulse und Zeichen schenken. Viel zu oft stellst du dich an die letzte Stelle und drehst dich nur um andere. Es ist gut, dass du dich um andere sorgst, doch wenn du dich dabei vergisst, lebst du nicht das Leben, das ich für dich geplant habe. Ich möchte, dass du voller Kraft und Freude lebst und diese mit anderen teilst. Doch Kraft und Freude hast du nur dann in Fülle, wenn du dich selbst nicht vergisst. Wähle Zeiten des Tages für dich, an denen du dich ganz deiner Innenwelt zuwendest. So wird dein Leben zu einer Quelle der Schönheit.

Viel zu oft stellst du dich
an die letzte Stelle und
drehst dich nur um andere.

143. Nachricht

Du bist fähig, die Welt zu bewegen

Du darfst dein Leben genießen. Du darfst dich freuen und glücklich sein. Doch wie oft verwehrst du dir das glückliche Leben, weil du glaubst, nicht wertvoll genug zu sein? Wie viele Schuldgefühle halten dich ab und quälen deine Seele? Ich möchte, dass du erkennst, wie wertvoll und wundervoll du bist. Ich wünsche mir, dass du dein Licht erkennst und es nicht verbirgst. Warum bist du so streng zu dir? Wieso traust du dir so wenig zu? Ich sage dir, dass dir mit mir alles möglich ist. Doch du musst es dir zugestehen. Wenn du dich selbst sabotierst, kann ich dir nicht helfen. Du musst erkennen, dass du zu viel mehr fähig bist, als du momentan glaubst. Man hat dir viel Schlechtes über dich erzählt und vieles davon hast du geglaubt und übernommen. Lass es los. Ich möchte dir eine neue Geschichte über dich erzählen: Du bist geliebt. Du bist wundervoll. Du bist fähig, die Welt zu bewegen. Ich glaube an dich und habe einen wundervollen Plan für dich!

144. Nachricht

Du bist mehr als genug

Als Kind warst du mir nahe, manchmal bewusst, manchmal unbewusst. Du hast mir und dem Leben, das ich bin, mehr vertraut. Irgendwann aber hast du erlebt, dass dir nicht alle Menschen nur wohlgesonnen sind und hast Misstrauen entwickelt. Du hast eine Mauer um dich errichtet und dich aus Angst verstellt. Diese Muster trägst du noch immer in dir. Das Gefühl, nicht gut genug zu sein, begleitet dich fast täglich. Ich bin hier, um dir zu sagen, dass du mehr als genug bist. Lass deine Vergangenheit los und lass dich von meiner Liebe verwandeln. Die Liebe, die ich bin, kann all deine Emotionen heilen. Auch die, die du über viele Jahre verdrängt hast. Wenn du in die Stille gehst, kommen sie ans Tageslicht. Lass sie zu, du darfst sie ansehen und achtsam loslassen. Übergib sie mir, damit ich sie für dich auflöse. Meine Kraft und mein Segen sind bei dir allezeit.

145. Nachricht

Wie Phönix aus der Asche

Je mehr du dich mit mir beschäftigst, desto stärker wird dein Bauchgefühl werden. Du fühlst dich sicher und hast tiefes Vertrauen in dich und dein Leben. Ich wünsche mir, dass du mit festen Schritten durchs Leben gehst und es genießt. Ich habe viele Geschenke für dich und neue Wege stehen für dich bereit, wenn du alte, ausgetretene Pfade verlassen möchtest. Sei mutig, denn ich führe dich sicher an deinen Platz. Dein Vertrauen in mich wirst du nicht bereuen, denn ich bin zuverlässig und werde dich nicht enttäuschen. Deine Ängste möchte ich dir nehmen und durch Vertrauen ersetzen. Selbst dann, wenn du schon sehr viel Trauriges und schwere Enttäuschungen erlebt hast, kann ich dein Leben erneuern. Mir ist nichts unmöglich. Ich kann dich wie Phönix aus der Asche heben und dir neue Flügel verleihen.

Sei mutig,
denn ich führe dich sicher
an deinen Platz.

146. Nachricht

Du bist voller Schönheit und Stärke

Hast du schon einmal einen Baum betrachtet, der fest im Sturm steht? Auch du bist so ein Baum, wenn du dich auf mich verlässt. Kein Sturm wird dich umwerfen, sobald du erkennst, wer du wirklich bist. Du bist ein Wesen, das von meiner Kraft erschaffen wurde, voller Schönheit und Stärke. Doch diese Stärke kommt erst dann in dir zum Tragen, wenn du dich auf meinen Plan einlässt und dir bewusst wird, dass du eine Aufgabe auf dieser Erde hast. Lass dich ein und vertraue! Ich führe dich an deinen dir angemessenen Platz. Ich lenke jeden deiner Schritte, wenn du bereit bist, deine wahre Aufgabe zu leben. Frage nicht danach, welche Aufgabe das ist, sondern vertraue meiner Führung. Bald schon wirst du erkennen, was zu tun ist.

147. Nachricht

Sei bereit für die Veränderung

Halte nicht an der Vergangenheit fest, sondern sei bereit für die Veränderung, die ich bringen werde. Wenn du mich in dein Leben einlädst, bleibt nichts mehr so, wie es war. Alles wird einer großen Reinigung unterzogen. Vertraue mir, denn ich weiß, was in deinem Leben stimmig ist und was gehen darf. Ich bin jetzt dabei, dein Leben zu verwandeln, und du solltest keinen Zweifel an meiner Weisheit haben. Lass bereitwillig alles los, was ich von dir und deinem Leben entfernen werde. Wenn du meinen göttlichen Plan für dein Leben erkennst, wirst du glücklich sein und nichts mehr wird dich davon abhalten, ihm zu folgen. Du darfst dich freuen, denn es beginnt nicht nur ein neues Kapitel, sondern ein ganz neues Buch wird aufgeschlagen.

148. Nachricht

Richte dein Leben neu aus

Lausche meiner Stimme, die in der Stille zu dir spricht. Ich möchte dich lenken und begleiten und das Wort an dich richten. Wenn du mich von Tag zu Tag mehr kennenlernst, werde ich mich dir immer mehr offenbaren. Du wirst von mir Weisheiten erfahren, die dir helfen werden, dein Leben neu auszurichten. Ich spreche auch heute noch zu den Menschen, doch die wenigsten nehmen sich die Zeit, mir zuzuhören. Bist du bereit, mein Wort zu vernehmen und dich danach zu richten? Ist dein Vertrauen in mich groß genug, um dich mir ganz hinzugeben? In der Hingabe zu mir wirst du neue Kraft finden. Ich möchte, dass du stark wirst und den Plan, den ich für dich habe, voller Freude umsetzt. Dies kannst du jedoch nur dann, wenn du meinem Wort vertraust.

Ich möchte,
dass du stark wirst
und den Plan,
den ich für dich habe,
voller Freude umsetzt.

149. Nachricht

Du bist wichtig

Beginne deinen Tag mit Gedanken der Liebe und der Dankbarkeit. Lass dich nicht aufhalten von deinen Ängsten, sondern wisse, dass deine Kraft unbegrenzt ist. Dir ist nichts unmöglich, wenn du dich auf mich verlässt. Ich möchte dich stark sehen und voller Selbstvertrauen. Doch dieses Vertrauen in dich erhältst du nur dann, wenn du erkennst, wer du in Wahrheit bist. Du bist ein unendliches, schöpferisches Wesen, das ich in Liebe erschaffen habe und von dem ich Liebe erwarte. Nichts ist stärker als die Liebe. Geh mit Liebe durch jeden Tag. Sei mutig und weise deine Träume nicht zurück. Diese Träume habe ich in deine Seele gelegt. Sie beinhalten Themen deines Lebensplans, den ich für dich ersonnen habe. Du bist wichtig in dieser Welt und dein Leben ist nicht zufällig oder sinnlos. Du bist ein Licht für andere, wenn du erkennst, wie machtvoll du bist. Ein jeder Tag soll ein Wunder für dich sein.

150. Nachricht

Gib niemals auf

Das Leben schickt dir keine Herausforderungen, um dich zu testen. Es bietet dir Chancen zum Wachstum. Wenn du diese Perspektive einnimmst, wird sich alles verändern. Ich wünsche mir so sehr, dass du glücklich lebst und erfolgreich deine Ziele verfolgst. Dabei ist es egal, um welche Ziele es sich handelt. Doch es ist wichtig, dass du Ziele hast. Denn ein Leben ohne Richtung ist ein Leben ohne Kraft. Entscheide dich dafür, jetzt deine Träume zu leben, anstatt weiterhin zu warten. Jeder Tag, den du nicht voller Glück und Freude lebst, ist ein verlorener Tag. Wenn du in einer Krise steckst, bemühe dich darum, so schnell wie möglich aus ihr herauszukommen. Ich bin bei dir und unterstütze dich dabei. Gib niemals auf und erkenne jeden Tag als die Chance zu einem völlig neuen Leben. Ich führe dich sicher, doch ich möchte, dass du mutig bist und dich nicht versteckst. Du bist zu kostbar, um noch länger unsichtbar zu bleiben!

Dein Neuanfang in ein erfülltes und glückliches Leben

Diese Fragen helfen dir, Klarheit über dein Leben zu erhalten. Klarheit über das, was du willst und auch das, was du nicht mehr willst.

Sie helfen dir, dich neu auszurichten. Träume und Ziele, die man aufschreibt, verwirklichen sich 10 mal eher, als solche, die man nicht klar benennen kann.

Sei spontan beim Beantworten dieser Fragen und folge deinem Herzen.

Welchen Traum möchtest du dir erfüllen?

**Welche Unterstützung wünschst du dir von Gott?
Was darf er für dich tun?**

Was möchtest du tun, damit du dein Ziel erreichst?

In welchem Bereich möchtest du einen Neuanfang und wie soll dieser aussehen?

Welche Ängste und Sorgen möchtest du jetzt hinter dir lassen?

Wie kann Gott dir helfen, diese Ängste zu überwinden?

Was möchtest du tun, um diese Schwierigkeiten loszulassen?

Wofür bist du dankbar?

Was müsste sich jetzt in deinem Leben ändern, damit du erfüllt und glücklich lebst?

Wie darf Gott dich in diesem Prozess unterstützen?

Was kannst du tun, um erfüllt und glücklich zu leben?

Deine ganz persönliche Bitte an Gott:

Danksagung

Zuerst danke ich mir selbst, dass ich die Power, den Mut und die Kraft hatte, dieses Buch in die Welt zu bringen. :)

Genau das ist, was Gott sich wünscht: Das wir uns selbst achten und erkennen, wie stark wir sind.

Ich danke Daniela Reko und Robby Altwein für die unermüdliche Unterstützung bei diesem Projekt, das uns alle gemeinsam herausgefordert und wachsen lassen hat. Gott hat sich was dabei gedacht, als er gerade uns für dieses himmlische Werk ausgewählt hat. Danke Gott.

Ich danke dir als Leser:in und hoffe, dass dieses Buch dir die Flügel schenkt, die du brauchst, um ein außerordentliches Leben zu führen.

Zu guter Letzt danke ich meinen Eltern, die vom Himmel auf mich herab schauen. Liebe Mama, lieber Papa, danke für alles. Ohne euch wäre dieses Buch niemals möglich gewesen. Ihr habt mir die Freiheit und die Unterstützung geschenkt, die ich brauchte, um meinen eigenen Weg zu gehen.

Ich habe noch eine Überraschung für dich:
www.connykoppers.de